로마법 수업

로마법 수업

흔들리지 않는 삶을 위한 천 년의 학교

한동일 지음

LECTIO IURIS ROMANI

문학동네

일러두기

1. 본문에 인용한 성서는 신구교가 함께 번역한 『공동번역 성서』(대한성서공회, 2001) 개정판임을 밝힌다.
2. 라틴어 발음은 로마식 발음을 따랐다. 하지만 필요에 따라 고전발음을 병기했다.
3. 책의 맨 뒤에는 로마의 역사와 라틴어 어원에 대해 더 읽어보면 좋을 내용을 추려 '로마사와 라틴어 깊이 읽기'라는 제목으로 묶었다. 보다 전문적이고 깊은 내용을 공부하고자 한다면, 다음 장으로 넘어가기 전에 이 부분을 살피고 넘어가길 권한다.

로마법 수업을 시작하며

생의 어떤 순간에도 인간답게 사는 길을 포기하지 맙시다

괴테는 "오직 로마에서만 로마를 이해할 수 있는 준비를 할 수 있다"고 했습니다. 그는 1786년 12월 13일 로마에서 기록한 『이탈리아 기행』의 한 대목에서 빙켈만이 프랑켄에게 보낸 편지 한 구절을 인용하여 다음과 같이 썼습니다.

"로마에서는 모든 일에 다소 무던해져야 합니다. (…) 로마는 전 세계 최고의 학교니까요. 저도 이곳에서 다시 태어나 시험대에 올라 있습니다." (…)

지극히 평범한 사람이라 할지라도 로마에 오면 대단한 사람이 되며, 비록 그것이 그의 본성을 완전히 뒤바꿔놓진 않더라도 최소한 하나의 특별한 개념을 배우게 될 것이다.

이 문장은 제게도 해당되는 말이었습니다. 아주 평범한 사람인 저는 운좋게도 로마에서 '로마법Ius Romanum'을 공부할 기회를 얻었습니다. 하지만 이런 기회는 정말 준비된 자의 몫이었습니다.

로마로 가기 전까지 법학의 '법法'자도 모르던 제가 로마에서 법학을, 그것도 로마법을 공부한다는 것은 그야말로 난센스였습니다. 처음엔 이탈리아어로 진행되는 교수님의 강의 내용을 이해하기는커녕 교수님이 하시는 말씀이 이탈리아어인지 라틴어인지조차 구분하지 못해 허둥거렸지요. 민법, 국제법, 로마법 등의 법학 과목 수업을 이해하기 위해서는 해당 과목의 교재들을 술술 읽어가야 하는데, 마치 희미한 안개 속을 걷는 것처럼 읽어도 그 의미를 명확히 알 수가 없었습니다. 그 가운데서도 로마법은 정말 저를 괴롭힌 과목 중의 하나였습니다. 로마법 이외에 따라가야 할 다른 과목이 한참 많았건만, 로마법을 이해하지 못하고 다른 법 과목을 이해한다는 것은 어불성설이었습니다. 거의 대부분의 법이 로마법의 법률 개념을 바탕으로 정립되었기 때문입니다. 아무리 시간이 부족해도 로마법만은 반드시 마스터하고 넘어가야 했습니다.

교황청립 라테라노대학교에서 박사과정까지 마친 이후, 저는 바티칸 대법원인 '로타 로마나'의 사법연수원에서 3년 과정을 수학했습니다. 두 번 유급하여 실제로는 총 5년의 시간이 걸렸지요. 이곳에서는 로마법의 법리를 그냥 아는 것에 그치지 않고 완벽하게 외워서 자유자재로 서술할 수 있어야만 했습니다. 석사과정 때 느낀 로마법의 어려움이 '벽'과 같았다면, 이곳에서 느낀 로마법의 어려움은 그야말로 '태산'과도 같았습니다. 그러나 로타 로마나의 변호사가 되고자 하는 이에게 로마법은 모국어나 일반상식처럼 반드시 체화해야만 하는 것이었습니다. 저는 더욱 이를 악물고 로마법 속으로 파고들었습니다.

하지만 이렇게 어렵게 깨우친 로마법을 정작 우리나라 대학에서 강의할 수 있는 곳은 없었습니다. 몇 해 전 '초급 라틴어' 정도를 강의할 수 있었던 게 전부였지요. 시간이 흘러 2018년 1학기 연세대학교 법무대학원에서 '로마법 수업'이라는 강좌를 열었습니다. 제가 2010년 로마에서 학업을 마치고 돌아온 지 8년 만에 대한민국에서 처음 열리는 로마법 강좌였습니다. 저는 학생들보다 더 설렜습니다. 첫 수업시간에 학생들 한 명 한 명의 얼굴을 바라보았습니다. 미리 말씀드리자면, 연세대학교 법무대학원의 학생들은 전업 학생들이 아닙니다. 이 수업을 듣는 학생들은 낮에는 각자의 일터에서 일하고 밤이면 학교에 와서 공부하는 분들입니다. 그래서 강의실에 앉아 있는 학생들을 보면, 낮 동안 수많은 일과 사람들에 부대껴서 눈은 충혈되고 몸은 이미 지칠 대로 지친 분들이 많았습니다. 쏟아지는 졸음을 참으려고 애쓰는 학생도 보였어요. 게다가 그 자리에 있는 분들은 대부분 누군가의 이야기를 일방적으로 듣기 위해 의자에 가만히 앉아 있는 것을 몸이 본능적으로 싫어할 나이의 학생들이었습니다.

하지만 몸의 쿠데타를 무릅쓰고 로마법 수업을 듣는 그분들의 태도는 한없이 진지했습니다. 이는 제게 큰 자극으로 다가왔습니다. 저는 로마법 수업을 보다 재미있게 이끌어나가기 위해 새로운 강의록을 만들기 시작했습니다. 제가 로마에서 힘들게 배운 로마법을 있는 그대로 전수하면, 한낮의 피로와 고단함을 짊어지고 온 분들이 견딜 수 없으리라는 생각이 들었기 때문입니다. 그래서 저는 로마법 가운데서 현재를 살아가는 생활인들이 흥미롭게 들을 수 있을 만한 부분을 추려 키워드별로 설명하기로 했습니다. 결혼과 비혼, 돈과 계급, 여성문제, 그리고 낙태와 성매매에 이르기까지 현대인의 삶과 쟁점에 긴밀하게 연결되는 이야기를 중심으로 정리했습니다. 내 삶과 마음을 건드리지 못하는 공부는 금방 잊히며, 결국 아무 데도 써먹지 못하기 때문입니다. 이 책은 그렇게 이 시대를 살아가는 생활인들의 가슴에 와닿는 로마법을 전하고 싶었던 제 고민의 결과물입니다.

법을 전공한 사람들도 현대의 법률이 로마법의 영향을 받았다는 사실 정도만 알고 있을 뿐, 구체적으로 어떤 영향을 받았는지 제대로 아는 사람은 드뭅니다. 굳이 고릿적 로마법 따위 잘 알 필요도 없고 오직 변호사 시험과 관련된 과목만 잘하면 된다고 생각하는 이도 있겠지요. 하지만 로마법과 로마에 관한 이야기는 여전히 우리의 일상에 중대한 영향을 끼치고 있습니다. 근대 역사학의 아버지 랑케는 고대의 모든 역사가 로마라는 호수로 흘러들어갔고, 근대의 모든 역사가 다시 로마의 역사에서 흘러나왔다고 말했을 정도지요.

저는 로마 문명의 가장 큰 특징이 '절충'과 '조율'에 있다고 생각합니다. 로마인은 그들보다 먼저 이탈리아반도에 살고 있었던 에트루리아인의 선진 문화에 그리스 문화 및 기타 다문화를 흡수하여 자신들의 삶과 문화에 폭과 깊이를 더했습니다. 그리고 로마인 특유의 실용적인 기질로 한층 더 구체적이고 실질적인 법과 제도를 구축했지요. 하여 로마법을 읽는다는 것은 로마인들이 복잡다단한 사회문제를 응시하고 다양한 목소리들을 반영해가며 원칙을 세운 과정을 고스란히 반추해가는 일입니다. 이는 가치관의 대립과 사회적 쟁점들로 인해 폭발 직전의 화산처럼 들끓고 있는 대한민국 사회에서도 분명 의미 있는 일이 될 것입니다.

로마법에는 인류가 시대를 초월하여 추구해왔던 보편적인 가치와 이상이 담겨 있습니다. 그리고 바로 이것이 사회 구성원 간의 합의와 소통이 간절히 요구되는 우리 사회에 제가 로마인들의 법과 원칙을 다시 소환하는 이유입니다.

19세기 독일의 로마법학자 루돌프 폰 예링은 『로마법의 정신 Der Geist des römischen Rechts』에서 "로마는 첫째 무력으로, 둘째 그리스도교로, 셋째 법으로 세계를 세 번 지배했다"고 썼습니다. 로마의 전쟁사나 그리스도교에 대한 이야기는 그간 많이 소개되었으나, 로마인들의 삶이 응축되어 있는 로마법에 대한 담론은 상대적으로 적었습니다. 그러나 로마제국이 패망한 이후에도 로마법은 살아남아 인류의 문명사와 법률에 장구한 영향력을 끼친 것은, 그 안에 인간의 본질과 인간 사회의 명암이 그대로 담겨 있기 때문입니다. 법은 언제나 인간이 잘못을 저지르거나 분쟁을 벌일 가능성이 있는 사안들에 개입합니다. 로마인들 역시 스스로의 모자람과 갈등을 돌아보면서 덜 싸우고 보다 잘 화해하고 소통하기 위해 로마법의 세부조항들을 만들었습니다.

로마법은 인류의 오랜 꿈과 이상을 명석하고 정확하게 기술한 문장들이었습니다. 저는 지금부터 추상적이고 막연한 인간의 소망과 기대를 구체적이고 또렷한 문장으로 현실화시키려 노력한 로마인들의 법에 대한 이야기를 시작하려 합니다. 이것은 조직과 사회생활의 압력 속에서 함부로 짓이겨지고 뭉뚱그려지고 구석으로 밀렸던 개개인의 자아와 인간적 소망을 복원하는 긴 여정이기도 할 것입니다.

다사다난했던 하루가 저물고 나면, 이내 밤이 오고 새벽에 이르러 또다른 아침이 시작됩니다. 하지만 하루가 바뀌는 그 순간, 대개 사람들은 잠들어 있습니다. 변화란 언제나 그렇게 조용히 찾아오지요. 사실상 우리가 발 딛고 서 있는 이 지구도 적도를 기준으로 1초에 463미터의 속도로 자전하는데 이것을 실감하는 이는 없습니다. 1초에 463미터의 속도면 시속 1667킬로미터의 엄청난 속도이건만, 그 속도를 느끼는 사람은 아무도 없습니다. 우리의 일상도 마치 지구의 자전처럼 그렇게 엄청난 속도로 돌아가지만, 매일 도돌이표를 찍듯 고정되어 있는 것처럼 느껴집니다. 하지만 그 속에서 우리는 저도 모르게 변화하고 있습니다 신체적으로, 정신적으로, 또 사회적으로 그것이 긍정의 방향이든 부정의 방향이든 간에요. 우리 모두는 분명 지금 이 순간에도 변화하고 있습니다.

『라틴어 수업』을 출간한 뒤, 언어에 대한 호기심에 책을 열었다가 인생을 배웠다는 후기를 볼 때마다 한없이 감사했습니다. 마찬가지로 『로마법 수업』 역시 머나먼 과거 사람들의 역사와 법에 대한 소개와 해석에만 그치지는 않을 것입니다. 로마법은 숱한 압력 속에도 흔들림 없이 자신의 삶을 지탱하고 싶어했고, 끝내 인간답게 사는 길을 포기하지 않았으며, 나의 아집과 편견을 넘어 너와의 소통과 상생을 꿈꾸었던 로마인들이 하나하나 쌓아올렸던 돌탑과도 같습니다.

저의 로마법 수업이 파국으로 치닫는 이 사회에 큰 충격과 전환을 가져올 수는 없겠지만, 당신의 가슴에 작은 파동은 일으킬 수 있기를, 그리고 당신의 마음에 찾아온 그 일렁거림이 '세계의 조용한 혁명'으로 이어지길 소망해봅니다.

로마법 수업을 준비하면서 저는 종종 돌아가신 어머니를 떠올렸습니다. 없는 살림이었지만 저의 어머니는 끼니때마다 늘 새로 지은 밥과 반찬으로 상을 차리셨지요. 어머니를 생각할 때마다 저는 그게 수업에 임하는 선생의 모습이어야 한다고 스스로에게 다짐합니다. 늘 새로운 것을 가르칠 수는 없겠지만, 가능한 한 최선을 다해 매번 새롭게 느껴지도록 강의를 준비하려는 노력, 그게 가르치는 사람으로서 갖춰야 할 최소한의 소임이라고 저는 생각합니다.

책 작업을 할 때마다 늘 고마운 분들이 머릿속에 떠오릅니다. 우선 연세대학교 법무대학원에서 '로마법 수업' 강좌를 들었던 학생들과 이 수업이 열릴 수 있도록 배려해주신 학교 관계자분들, 특히 이종수 교수님과 손인혁 교수님께 감사인사를 드립니다. 그리고 제가 『로마법 수업』을 집필한다는 소식을 듣고 로마법에 관한 훌륭한 책과 자료들을 소개해주신 이화여자대학교 법학전문대학원 서을오 교수님께도 진심으로 감사합니다. 아울러 언제나 많은 격려를 해주시는 한양대학교 법학전문대학원 양창수 석좌교수님께 진심으로 감사의 마음을 전합니다.

2019년 초가을 연희동 안산 자락에서

한동일

차례 Quod in libro continetur*

* 나는 '차례'를 의미하는 라틴어 '인덱스index'나 '실라부스syllabus'라는 단어를 사용하지 않는다. '인덱스'나 '실라부스'에는 한때 천주교에서 금한다는 '금서목록'이라는 뜻이 있기 때문이다.

당신은 자유인입니까 노예입니까

작가 베르나르 베르베르의 희곡 『인간』에서 주인공 사만타와 라울은 '인간homo'에 대해 이런 대화를 나눕니다.

"인간은 참다운 사랑을 할 수 있는 유일한 동물입니다. 다른 동물들도 사랑의 행위를 하지만 그건 번식을 위한 것일 뿐입니다. 그들에게는 감정이 없으니까요."

"그래요. 하지만 인간은 그 위대한 사랑의 이름으로 더 나쁜 범죄를 저지르죠. 예를 들어 인간은 조국에 대한 사랑을 내세우며 가장 참혹한 전쟁들을 벌였습니다."

"예수는 한 인간이었습니다. 그분은 '너희는 서로 사랑하라' 하고 우리에게 가르치셨지요."

"그 예수는 십자가에 못박혀 죽었지요. 그리고 훗날에는 그의 이름으로 종교재판이 행해졌습니다."

"인간은 열정을 가질 수 있는 유일한 동물입니다."

"인간은 자신의 열정 때문에 광기로 나아갈 수 있는 유일한 동물이죠."

"인간은……(사만타는 또다른 논거들을 찾는다.) 유머를 구사할 수 있는 유일한 동물입니다."

"인간은 자신의 절망적인 조건을 견뎌내기 위해 유머를 발명할 필요를 느낀 유일한 동물이죠."*

* 베르나르 베르베르, 『인간』, 이세욱 옮김, 열린책들, 2009, 146~147쪽.

인간만이 가진 고유한 특성에 대한 서로 다른 견해가 교차하며 이야기는 끊임없이 이어집니다. 언뜻 보면 두 사람의 생각이 모두 타당해 보입니다. 긍정적인 관점의 안경을 쓰고 보느냐 부정적인 관점의 안경을 쓰고 보느냐에 따라 세계에 대한 인식도 달라지지요. 인간의 선함에 초점을 맞추면 개인은 아름답고 인간의 역사는 진보하고 있다고 평가할 것이며, 인간의 악행과 파멸로 점철된 역사를 살피면 인간은 역시 구제불능이라고 판단할 것입니다. 그렇다면 로마인들은 인간을 어떻게 이해하고 정의했을까요?

사실 '인간'은 고전법의 핵심개념입니다. 전기 고전기의 법학에선 인간을 '영혼이 깃든 몸'으로 파악했습니다. 따라서 인간의 권리와 능력은 흙으로 빚은 인간에게 영혼이 들어가는 첫 '호흡spiritus'에서 시작된다고 보았지요. 또한 생애 최초의 소통행위라 할 수 있는 아기의 첫 울음소리는 인류의 새 구성원임을 신고하는 것이라 여겼습니다. 로마인들이 출산 직후에 산파로부터 아이를 건네받아 집안의 가장이 들어올리는 상징적인 행위를 한 것도 이 때문입니다. 이를 '톨레레 리베룸tollere liberum'이라 불렀는데요. '자녀를 들어올림'이라는 뜻입니다. 로마인들은 자녀를 세상에 '낳는다'고 보지 않고, 이 세상에 '자녀를 들어올린다'고 생각했습니다. 영화 〈라이온 킹〉을 보면 주술사 원숭이인 라피키가 정글의 모든 동물들 앞에서 아기 사자 심바를 들어올려 보이는 장면이 있지요. 바로 이 장면이 로마인들이 출산 직후의 아기를 들어올리던 행위를 묘사한 것이랍니다.

혹시 인간의 인격과 개별성을 의미하는 '페르소나persona'가 그리스어에서 파생한 라틴어라는 사실을 아시나요? 원래 이 단어는 극장에서 목소리를 크게 해주는 확성기 기능이 있는 배우용 '가면'을 의미했습니다. 그러다 점차 단 한 번 공연되는 인생이라는 연극에서 배우인 인간 개인을 가리키는 말이 되었습니다. 심리학에서 '페르소나'는 '외적 인격' '가면을 쓴 인격'을 뜻하는데요. 인간에게 사회적 정체성을 부여하는 동시에 목소리, 시선, 표정 등을 통해 소통하는 사람의 특성을 규정하지요. 한편 법률용어 '페르소나'는 '사람은 누구나 얼굴이 있다'는 평등의 가치와 '모든 얼굴은 서로 다르다'는 개별성의 가치를 결합하고자 하는 인류의 염원이 담긴 말이었습니다.

오늘날 이 '얼굴vultus'의 철학을 더욱 심화시킨 인물이 있습니다. 바로 에마뉘엘 레비나스입니다. 레비나스는 "얼굴들은 서로가 다른 이들로 향한다. (…) 이것은 서로가 서로에 대해 존재하는 인간들의 실재적인 현존과 이러한 상호적인 관계들에 있는 작은 사회다"*라고 말했습니다. 얼굴들이 서로 인격적으로 마주보는 사회가 가장 이상적인 공동체며 유토피아라는 것입니다.**

* E. Lévinas, *L'Au-delà du verset: Lectures et discours talmudiques*, Paris, 1982, p.38.

** 윤대선, 『레비나스의 타자철학』, 문예출판사, 2009, 285쪽 참조.

얼굴들끼리 마주볼 수밖에 없다는 것이 공동체에는 이상적이지만, 과연 개인에게도 마냥 좋은 일일까요? 어쩌면 인간은 자기 얼굴보다 타인의 얼굴을 들여다보는 시간이 훨씬 많기 때문에 힘든 것일지도 모릅니다. 우리는 타인의 얼굴이 나와 많이 다르다고 느낍니다. 타인의 얼굴에서 내게는 없는 아름다움과 이상함을 동시에 발견합니다. 그것이 긍정적으로 발현되면 사랑이 되지만, 부정적으로 발현되면 질투와 미움이 생깁니다. 비교하고 깎아내리고 증오하고 격리시키지요. 타인의 얼굴을 향해 이런 부정적인 감정을 쏟아내면 차별과 폭력이 되고, 나의 얼굴을 향해 이런 잣대를 휘두르면 자아를 잃고 방황하게 되는 것입니다. 만일 타인의 얼굴에서 시선을 돌려 거울 속의 내 얼굴뿐만 아니라 더 깊숙한 내면까지 정직하게 응시할 수 있다면, 모든 문제가 한꺼번에 해결되지는 않을지라도 스스로를 좀더 깊이 이해할 수 있지 않을까요?

이처럼 '페르소나'는 오랫동안 인생을 해석하고 사유하는 예술과 철학의 주요한 화두였으며, 아마 앞으로도 그럴 것입니다. 우리가 주목해야 할 것은 이 단어가 로마법에서 엄연한 법률용어의 하나로 쓰였다는 점입니다. 그렇다면 로마법은 인간은 누구나 평등한 존재이고 서로 다름을 인정했으리라 짐작하겠지만, 실제로는 정반대였습니다. 로마법은 "모든 인간은 자유인이거나 노예다Omnes homines aut liberi sunt aut servi"*라고 단호하게 규정했습니다. 그러면서도 "노예제는 마치 죽음과 같다Serivitutem mortalitati fere comparamus"(D. 50. 17. 209)고 비유했지요. "노예제는 만민법상의 제도로서 어떤 자가 타인의 소유권에 속하는 것으로 자연의 섭리에 반한다Servitus est constitutio iuris gentium, qua quis dominio alieno contra naturam subicitur"(D. 1. 5. 4. 1)고도 인정합니다. 그러나 딱 거기까지였습니다.

'마치 죽음과도 같은', '타인의 소유권에 속하며 자연의 섭리에 반하는' 삶을 사는 인간도 존재할 수밖에 없다고, 로마법은 인간 사회의 불평등한 현실을 뻔뻔하리만치 적나라하게 보여주고 있는 것입니다. 이 대목에서 저는 법과 현실의 관계를 생각하게 됩니다. 과연 인간의 현실이 법조항을 만들어내는 것일까요, 아니면 법이 현실을 더 공고하게 뒷받침하는 것일까요? 닭이 먼저냐 달걀이 먼저냐의 아득한 질문인지도 모르겠습니다만.

단순하고 가혹한 이분법이지만 로마인에게 "당신은 노예인가 자유인인가?Servus es an liber?"라는 말은 아주 중요한 신원조회 사항이었습니다. 일상에서 "당신은 노예인가 자유인인가?"라는 질문은 다양한 형태의 의문문으로 던져졌습니다.

---

* 『학설휘찬Digesta』(D. 1. 5. 3). 『학설휘찬』은 고전기 법학자들의 저술을 수록한 '학설모음집'이다. 총 50권으로 구성되었고 432개의 제목이 달렸다. '디제스타Digesta'라는 제목은 『학설휘찬』의 편집 방법을 정확히 표현한 것이다. '디제스타'는 판례와 주요 법학 교재에서 인용하고자 하는 내용을 가위와 풀로 발췌하여 만든 '법학 전집' 또는 '법률 백과사전'으로 일종의 인용 문집이다. 『학설휘찬』은 6세기 동로마 황제 유스티니아누스 1세의 명에 따라, 2천여 권의 법률서적을 50권으로 요약했다. 이하 이 책에서 『학설휘찬』으로부터 인용한 문장 가운데 장제목까지 반드시 밝힐 필요가 없는 문장은 본문 괄호 안에 약어 D.로 출전을 표기한다.

"우트룸 세르부스 에스 안 리베르?Utrum servus es an liber?"

"세르부스네 에스 안 리베르?Servusne es an liber?"

또는 "당신은 자유인이었습니까?Fustin(Fustine) liber?"라고 과거형으로 묻기도 했지요.

물론 이 자유인과 노예의 이분법에 반기를 드는 사람도 있었습니다. 페니키아 출신의 법학자 울피아누스는 "시민법에서 노예는 사람이 아닌 것으로 간주된다. 그러나 자연법에선 그렇지 않다. 자연법에선 모든 사람이 평등하기 때문이다"라고 말했습니다.

자연법이란 모든 시대와 장소에 적용되는 변치 않는 규범으로 현재 시행되고 있거나 과거에 현실적으로 시행됐던 실정법의 우위 개념입니다. 하지만 로마법은 엄연히 자연법이 아니라 실정법이었습니다. 그리고 예나 지금이나 원칙과 이상보다 평범한 사람들의 피부에 더 와닿는 것은 현실의 규약들이지요. 로마인들에게 실질적으로 적용된 법률은 '평등의 자연법'이 아닌 인간의 부조리와 모순까지도 고스란히 품고 있는 실정법이었습니다. 결국 대전제로는 인간이 평등한 존재라고는 하나, 현실적으로 평등과 다름의 가치를 인정받을 수 있는 '인간'은 오직 '자유인'에 국한돼 있었던 것입니다.

로마의 노예는 열등한 존재였습니다. 인격이기 전에 소유할 수 있는 재산으로 치부되었기 때문에 법률상 매매와 증여, 상속과 유증遺贈의 대상이었습니다. 노예를 소유한 주인은 자기가 존재론적으로 우월하다고 느꼈고, 노예는 자기 자신의 열등함을 자연스럽고 당연한 것으로 받아들였을 겁니다. 나아가 이를 정당화하기 위해 로마사회는 노예는 우연히, 운이 나빠서, 후천적으로 되는 것이 아니라 운명적으로 그렇게 태어난다고 설명하는데, 이 우열의 논리는 거의 모든 역사를 관통하며 차별을 정당화하는 이론이 되었습니다.

로마의 자유인과 노예의 실상을 알고 나니 어떤 생각이 드시나요? '똑같은 모습을 한 사람끼리 어떻게 저럴 수 있지?' 싶어서 화가 치미나요?

그러나 저는 어떤 면에서는 로마시대와 오늘날에는 큰 차이가 없다는 생각을 합니다. 노골적인 신분제만 없다 뿐이지 사람이 사람을 대하는 조건과 양상은 어떤 범주에서 크게 벗어나지 않은 것처럼 보이거든요. 물론 오늘날에는 '자유인인가? 노예인가?'라고 대놓고 묻거나 신원을 조회하는 일은 거의 없지요. 하지만 지금도 우리 사회는 소속과 경제력에 대한 교묘한 질문을 통해 끊임없이 사람을 가르고 규정하고 있습니다.

"당신은 정규직인가? 비정규직인가?"
"당신은 전임교수인가? 시간강사인가?"

"당신은 서울캠퍼스 학생인가? 지방캠퍼스 학생인가?"

앞서 인용한 베르베르의 글처럼 어떤 세계관을 갖고 살아가느냐에 따라 삶에 대한 기대와 희망의 농도도 저마다 다르겠지요. 그러나 어두운 빛깔의 안경을 쓰고 거칠게 말하자면, 현대인은 각자의 일터에서 정규직으로 일하든 비정규직으로 일하든, 연봉과 소득이 얼마이든 간에 어떤 의미에서는 모두 '임금노예'에 지나지 않는지도 모릅니다. 경제적 '안정'과 '불안정'으로 삶의 질을 나누는 세태가 결국 한 인간의 가치가 돈에 매여 있음을 자인하는 것이나 다름없기 때문이죠.

오늘날의 사회는 얼핏 평등하고 자유롭고 자기 권리에 대해 목소리를 높일 수 있는 정의로운 사회처럼 보입니다. 하지만 그저 그렇게 보일 뿐 현실은 뼈저리게 불평등하고, 약자는 끊임없이 강자의 눈치를 보게 되어 있습니다. 약자들이 미약하게나마 움켜쥐고 있던 것마저 빼앗겨 저항과 울분의 목소리를 토해내면, 그 소리는 이내 더 큰 권력에 묻혀버리지요. 여성, 소수자, 장애인, 빈자들이 지금도 머리에 피가 맺히도록 두드리고 있는 저마다의 '유리천장'은 또 얼마나 강고합니까? 차라리 로마시대처럼 눈에 선명하게 보이는 신분제가 있었던 사회가, 지금처럼 내 머리 위에 드리운 것이 푸른 하늘인 줄 알았더니 개인의 노력으로는 절대 깨부술 수 없는 무서운 유리천장이었음을 뒤늦게 깨닫게 되는 사회보다 그 절망과 피로도는 덜하지 않았을까요?

언젠가부터 개천에서 용 나기 어려운 시대가 왔다고들 합니다. '인생 역전' '자수성가'의 시대는 진작 막을 내린 것입니다. 인간이 불굴의 의지로 현실적인 장벽을 극복하는 사례는 점점 더 찾아보기 어려워지고 가난이 대물림되고 있습니다. 만인에게 모든 기회와 도전의 가능성이 열려 있는 듯하지만, 실은 교묘하게 차단되어 있는 이 갑갑한 현실은, 노예가 운명적으로 결정되는 것이라고 설명하는 고대의 야만성과 닮아 있습니다. 인간, 참으로 고귀하고도 허망한 이 존재는 예나 지금이나 그 아름답고 위대한 가능성을 포기하고 '신분'이라는 좁디좁은 틀 안에서 스스로를 가두고 이해하고 평가하니, 인류의 역사가 아무리 오래되었다 한들 진정한 의미의 정신적 문명은 여전히 이루지 못한 것인지도 모르겠습니다.

로마법에서 인간은 '페르소나persona' 이외에도 '호모homo'라는 단어로 지칭하곤 했습니다. "'호모homo', '인간'이라는 말에 남성과 여성이 모두 포함되어 있다는 것에는 그 누구도 의심할 여지가 없습니다.'Hominis' appellatione tam feminam quam masculum contineri non dubitatur."(D. 50. 16. 152). 우리가 기억해야 할 것은 인간을 나타내는 '호모'라는 단어가 로마에서 노예의 의미로도 자주 사용됐다는 점입니다. '호모'의 복수 '호미네스homines'는 집단적으로 황실 관료나 고급 관료에게 종속되어 따라다니는 사람을 의미하기도 했습니다. '호모'가 '페르소나'를 잃고 집단에 종속되어, 그저 무수한 복수 가운데 하나로서 대세와 신분제의 늪에 안주해버리면, 저절로 '노예'로 전락하고 마는 것입니다.

그리하여 살아가면서 스스로에게 거듭 묻습니다.

'페르소나'를 가진 인간으로 살 것인가, 아니면 '호미네스' 중 하나로 살아갈 것인가.

나는 진정 자유인인가, 아니면 스스로 노예인 줄도 모르는 노예인가.

이 수많은 제약들 속에서 나는 과연 어떤 인간으로 살아갈 것인가.

아, 인간…… 참으로 신비하고 모순된 개념이여!

Utrum servus es an liber?

우트룸 세르부스 에스 안 리베르?

Servusne es an liber?

세르부스네 에스 안 리베르?

"당신은 자유인입니까,
노예입니까?"

여성에게 약을 먹이고 추행한 자는 공동체에서 영구 추방한다

'신분'을 의미하는 라틴어 '스타투스status'는 '정하다, 고정시키다'라는 뜻의 동사 '스타투오statuo'의 과거분사가 명사화된 것으로 '고정자세, 서 있는 자세'를 말합니다. 로마인에게 '스타투스'는 '자유인'이거나 '노예', 둘 중 하나의 확고한 신분을 나타내는 말로 일반적으로 법적인 상태나 조건을 의미했습니다.

로마법에서 법적으로 보호받는 지위를 갖는 개인은 본질적인 특권을 누렸습니다.

첫째, 노예와 구별되는 '자유인의 지위'를 가졌습니다. 넓은 의미에서 자유는 "당신이 원하는 대로 살 수 있는 권리"*입니다. 법학자 플로렌티누스는 "자유란 힘이나 법으로 금지된 것이 아니라면, 어떤 것이라도 할 수 있는 자연적 권한이다Libertas est naturalis facultas eius quod cuique facere libet, nisi si quid vi aut iure prohibetur"(D. 1. 5. 4 pr.)라고 정의했습니다. 이 정의는 유스티니아누스의 『법학제요(법학원론)Institutiones』에도 그대로 등장합니다. "자유란 평가할 수 없는 것이다Libertas inaestamabilis res est"(D. 50. 17. 106)라는 말도 있고, 울피아누스는 "자유란 돈으로 지불할 수 없다Libertas pecunia lui non potest"라고 선언했지요.

로마법이 보호하는 개인이 누릴 수 있었던 두번째 특권은 시민권이었습니다. 시민을 의미하는 '치비타스civitas'라는 단어는 로마시에 속하는 구성원을 가리키는 용어였습니다. 시민권은 기원전 3세기 로마인들을 다른 사람들과 구분하는 명백한 특권이었습니다. 원칙적으로 시민권은 시민인 부모의 자녀로 태어난 사람에게만 주어지는 것이었습니다. 적법한 혼인관계에서 태어났다면 비록 아버지만 로마시민이라 하더라도 자녀들은 아버지의 신분에 따라 로마시민이 됐습니다. 반면 외국인 아버지와 로마시민인 어머니의 적법한 혼인관계에서 태어난 자녀는 외국인이 됐습니다. 노예는 노예 신분에서 해방되어야 자유인인 동시에 로마시민이 될 수 있었습니다.

---

* 키케로, 『스토아철학의 역설Paradoxa Stoicorum』(Cicero, Parad. 5. 1. 34).

시민권을 가진 로마인에게는 여러 가지 권한이 생겼습니다. 공무원이 되어 국가기관의 일에 참여할 수 있는 공무담임권, 민회에서의 투표권, 형사재판에서 유죄판결을 받을 경우 항소할 수 있는 상소권, 로마인들끼리 자유롭게 결혼할 수 있는 통혼권通婚權, 그 밖에 시민으로서 완전한 권리를 행사하고 개인의 자유로운 의견을 개진할 수 있는 권리가 주어졌습니다. 물론 권한에는 언제나 책임이 따르듯 로마시민권을 가진 이들이 마땅히 이행해야 할 의무도 있었지요. 로마시민은 병역 의무를 져야 했고, 역사상 다양한 방식과 논리로 개정되어온 납세 의무를 충실히 따라야 했습니다.

여기서 잠깐 로마에서 세금이 어떤 원칙과 제도하에 부과되었는지 소개해볼게요. 오늘날의 조세제도와 비교해보는 재미가 있을 겁니다.

우선 로마에도 '상속법'이 있었습니다. 서기 5년경 '상속재산 이십일세(1/20)에 관한 율리우스법Lex Iulia de vicesima hereditatium'은 상속재산에 관한 법으로 부모가 자녀에게 남기는 재산 중 낮은 가액의 재산인 경우를 제외하고, 상속과 유증에 대하여 100분의 5(1/20), 즉 5퍼센트의 세금을 부과했습니다. 또한 오늘날 특별소비세에 해당하는 것으로 시장에서 판매되는 상품가의 8분의 1(12.5퍼센트)을 '특별세octava'로 부과했지요.

로마제국 후기에는 통상적인 세금이나 공과公課, munera로 세수입이 충분하지 않을 경우 과거 전쟁중에만 부과했던 특별 추가과세를 징수했습니다. 또 일부 속주의 주민에게는 균등하지 않은 주민세를 부과했고요. 주민세는 토지 이외의 재산에 붙는 세금이기도 했고, 일부 속주의 주민 집단에게 부과하는 일종의 평민세였습니다. 토지세는 속주에서 가장 중요한 세금으로 현물이나 금전으로 지급했습니다. 전문가가 직접 나가서 토지를 측량하고 가치를 평가한 후 이를 기초로 부과했다고 합니다.

여기서 짚고 넘어가야 할 특이한 점은, 로마 정부가 매춘세vectigal meretricium에 재정의 상당 부분을 의존했다는 점입니다. 기원후 40년 칼리굴라 황제가 매춘부에게 부과하기 시작한 매춘세는 무려 498년까지도 폐지되지 않았습니다. 대로마제국 역시도 사실상 지위가 낮은 사람들에게 평민세와 매춘세 등을 부과하며 더 혹독하게 세금을 거뒀다는 것을 알 수 있지요.

더 많은 부와 권력을 가진 사람에게 더 높은 비율의 세금을, 가난한 사람에게는 적은 세금과 복지를! 이것이 바로 정의로운 사회를 지향하는 이들의 영원한 꿈이겠지만, 로마시대부터 오늘날에 이르기까지 이러한 이상이 얼마나 사회제도에 반영되었는가는 냉철하게 돌아봐야 할 일입니다. 아마 이 책 『로마법 수업』의 독자분들 중에도 낮에는 직장에서 열심히 일하고 월급을 받는 분들이 있을 테지요. 우리나라 직장인의 월급통장을 '유리지갑'이라고 부르지요? 유리지갑에서 한 치의 오차도 없이 매달 악착같이 떼어지는 각종 항목의 세금, 그리고 언론에 빈번하게 보도되는 기업인, 권력층들의 탈세 뉴스를 동시에 들여다봐야 하는 보통 사람들의 심정을 헤아린다면, 아직 우리나라의 조세 정의도 갈 길이 먼 것 같습니다.

지금까지 로마시민권을 지닌 이들이 마땅히 이행해야 할 의무에 대해서 이야기했는데요. 그러면 이번에는 로마시민이 시민답지 못한 행동을 했을 때, 즉 범죄를 저질렀을 때, 로마에서는 어떤 제재를 가했는지 살펴보겠습니다.

먼저 자유를 박탈했습니다.

자유를 잃는다는 것은 '최대 신분조건의 변화capitis deminutio maxima'로서 일반적으로는 시민권의 상실을 수반했습니다. 하지만 자유는 박탈당하지 않는다 해도 시민권은 빼앗기는 '수화불통水火不通, interdictio aqua et igni'이나 '강제유배deportatio' 처분도 있었습니다. 이를 '중간 신분조건의 변화capitis deminutio media'라고 하는데요. 우선 '수화불통'은 '수화불통에 처하다Interdicere aqua et igni' 또는 '수화불통의 추방interdictio aquae et ignis'이라는 형태로 표현했습니다. 모두 물과 불의 사용을 금한다는 뜻입니다. 오늘날에 빗대자면 수도와 가스, 전기 등의 공급을 끊는 것입니다. '물과 불을 못 쓰게 하는 게 뭐 그리 대단한 큰 처벌인가' 싶어 갸우뚱할지도 모르지만,

보통 사람들이 속한 공동체에서 물과 불을 끊어서 일상생활을 아예 할 수 없게 만든다는 건 사실상의 '추방'을 의미하는 것이었습니다.

또한 피고인이 유죄판결을 받기 전에 자발적으로 망명을 가버린 경우에도 원로원이나 고위 정무관이 수화불통에 처했습니다. 이렇게 수화불통에 처해진 사람이 불법적으로 마을로 되돌아올 경우에는 법적 보호를 받을 수 없는 '법외자'가 되어, 추방된 공동체 안에서는 누구라도 그를 '살해'할 수 있었습니다. 즉, 로마에서 수화불통은 단순한 처벌이 아니라 '사형' 선고와도 같았던 것입니다.

그러면 지금은 어떤가요? 과거 로마에서 범죄를 저지른 이들에게 행해지던 처분이 돈이 없는 사람들, 이 '자본주의 사회'가 시민으로서의 역할을 온전히 하지 못한다고 낙인찍은 이들에게 가장 먼저 행해지고 있습니다. 이따금 골목을 걷다가 허름한 집 현관 앞에 나붙은 전기세, 수도세, 집세 체납 공고문과 언제까지 돈을 내지 않으면 단전, 단수하겠다는 경고문을 보고 있노라면, 어쩌면 현대에도 수화불통의 형벌은 이어져내려오고 있는 게 아닐까 하고 저는 종종 생각합니다.

인간이 활동하는 데 필수적인 물과 빛, 전기를 끊는다는 것은, 당신을 인간으로, 공동체의 일원으로 보고 있지 않다는 태도 아닐까요? 물론 고의적으로 전기세나 수도세, 난방비를 체납하는 사람들에 대한 이런 처분이야 온당한 것이겠으나, 가끔 그저 돈이 없다는 이유로 빛과 물과 온기를 잃은 사람들은 어떻게 생존할까 막막해지곤 합니다.

생필품과 쌀, 전기세와 수도세를 감당할 최소한의 소득조차 없어 삶의 근거를 잃고 희망조차 내려놓는 이들이 있습니다. 아직 창창한 나이의 젊은이들이 자살하거나 궁핍한 일가족이 동반자살하기도 합니다. 어쩌면 이들은 현대의 수화불통을 목전에 두고서 절망하고 두려워하다가, 물과 빛이 끊기기 직전에 자기 자신과 가족의 목숨을 끊어야겠다고 결심했는지도 모릅니다. 인간의 밥줄과 숨통을 틀어쥔 수화불통은 오늘날에도 계속되고 있는 것입니다.

수화불통과 달리 강제유배는 유죄판결을 받은 사람을 로마 밖으로 영구적으로 추방하는 것이었습니다. 유배 가운데 가장 엄중한 형태라고 할 수 있는데요. 전 재산을 몰수하고, 시민권을 박탈하며, 특정장소에 유폐되는 형벌을 받습니다. 이런 엄청난 중형에 처해지는 죄목이 구체적으로 어떤 것인지를 주목해주시길 바랍니다.

이는 주로 재판관이 사적인 이득을 취하기 위하기 위해 금전을 수수하고 판결을 조작하는 경우, 그리고 성욕이나 연정을 일으키는 사랑의 묘약pocula amatoria이나 낙태약pocula abortionis을 제공하거나 사용한 경우에 처해졌습니다.

어떻습니까? 좀 묘한 구석이 있지요? 최근 한국사회를 뒤흔든 사법농단 사태나 대한민국의 선망받던 아이돌들이 벌인 추악한 성범죄들이 절로 연상되지 않습니까?

로마에서는 재판관이 개인적으로 판결을 조작하거나, 여성에게 약을 먹여 성폭행을 한다는 것은 차마 반성을 촉구하거나 죄의 경중을 따지기도 힘든 극악무도한 범죄로 치부했습니다. 고대 로마 사회에서도 용인하지 않았던 일이 21세기의 대한민국 땅에서, 그것도 특권층들에 의해 버젓이 자행되고 있는 상황은 너무나 참담하지요.

로마에서 이런 자들은 사회 구성원 자격을 박탈하고 철저히 격리해버렸습니다. 유배 장소는 주로 지인들조차 접근하기 힘든 이탈리아 연안의 섬들이나 리비아 사막의 오아시스였고요. 이 때문에 '섬 강제유배'로도 불렸답니다. 재판의 판결을 조작한다거나 사람들 사이에서 약물로 비열한 협잡질을 저지른 이들은 외딴섬에 고립시켜야 한다는 것이 바로 로마의 정의였던 것입니다.

근래 한국을 뒤흔든 사법농단이나 젊은 연예인들의 일탈과 성범죄는 로마법에서는 도저히 용납할 수 없는 중범죄로 여겨졌던 사안들입니다. 특권을 가진 이들일수록 더욱 엄중하게 다스렸지요. 대한민국의 법은 과연 이들을 어떻게 다스릴지 우리 모두가 똑바로 응시해야겠습니다.

세네카는 "인간이 있는 곳에는 어디서나 특권에 대한 여지가 있다"*고 했습니다. 신분 조건이 완벽했던 로마시민은 그 당시 특권계급이었습니다. 하지만 그들에겐 도덕적으로 다른 사람들보다 더 높은 수준의 행동양식이 요구되었습니다. 초기 로마시대의 왕과 귀족들은 투철한 도덕의식과 솔선수범하는 리더십을 갖추고 있었습니다. 자유와 권리를 공적으로 보장받는 만큼, 더 깨끗하게 살아야 그게 인간다운 삶이라고 믿었던 거지요. 국가나 사회가 어렵고 갈등이 심할수록 자발적으로 윤리의식과 공공의식을 갖춘 특권층이 있어야 사회계층 사이의 위화감을 줄일 수 있을 텐데, 이런 성숙하고 고매한 자세는 어쩐지 점점 더 기대하기 힘들게 된 것 같습니다.

인간이 인간답게 살기 위해서는 온전히 평등과 자유, 권리를 누릴 수 있어야 합니다. 그러나 그것은 특권과 반칙이 통하지 않는 사회적 토대가 갖추어진 다음에야 비로소 가능할 것입니다. 요즘 젊은이들이 비혼을 선택하고 출산을 거부하는 것은 단순히 홀로 자유롭게 살고자 하는 자발적이고 개인적인 차원의 선택만은 아닐 것입니다.

젊은이들은 이미 깨닫고 있는 것입니다. 더이상 희망을 가지고 내 미래를 설계할 수 없다는 현실을 처절하게 몸으로 깨닫고 있습

* 세네카, 『행복론』(SEN. de vita beata 24, 2).

니다. 아직 태어나지도 않은 내 아이가 사회지배계층을 먹여살리는 하층계급의 삶에서 벗어날 수 없으리라는 것을, 그들은 뼈아프게 간파해버렸는지도 모릅니다. 내가 살아온 세상보다 더 힘겨운 사회에서 나만큼이라도 살려면 더욱 발버둥쳐야 할 2세를 남기는 무모하고 어리석은 선택은 '안 하고 싶다'는 절규가 비혼과 독신을 선택하는 하나의 동기가 되고 있습니다.

사람을 통해 생산하고 지탱해가면서도 사람 귀한 줄 모르는 이 사회가 맞닥뜨릴 고통의 가시밭길은 생각보다 가까이 와 있습니다.

Ubicumque est homo,
ibi beneficio locus.

우비쿰퀘 에스트 호모,
이비 베네피치오 로쿠스.

"인간이 있는 곳에는 어디서나
특권에 대한 여지가 있다."

_세네카

동수저가 된
흙수저의 비애

로마법에서 자유인들은 분명 국가가 보호하는 계층이었습니다. 그러나 모든 사람들이 완전하고 확고한 자유를 누렸던 것은 아니었습니다. 이 계급 내에서도 더 많은 자유를 누리는 사람과 그렇지 않은 사람이 있었습니다.

자유인은 자유인 어머니로부터 출생한 태생적 자유인인 '인제누우스ingenuus'와 본래는 노예였으나 노예해방을 통해 자유를 얻은 피해방자인 '리베르투스libertus'로 나뉘었습니다.*

* F. del Giudice, *Dizionario giuridico romano*, Napoli: Simone Edizione, 2010, p.482.

먼저 '인제누우스'란 '타고난, 좋은 가문의'란 형용사가 명사화된 단어로 '태생적 자유인'을 가리킵니다. 인제누우스는 로마사회에서 보통 이렇게 여겨졌습니다.

"그들은 남자로서 자유롭고, 자유로이 태어났으며, 조상에게 재산을 물려받아 부유하며, 훌륭한 교육을 받고, 교양을 갖춘 사업가이며, 동시에 여가를 즐기는 한편 정치적으로 명예관직을 거쳤다는 사실에 자부심을 느낀다. 그들은 그들이 입은 세련된 옷이 저마다 다른 부분을 갖고 있듯이, 그들의 특성도 저마다 그리스-로마의 역사에서 물려받은 것이다. 그러나 이러한 정의를 받아들이도록 강요할 필요는 없다. 그것은 너무나 당연한 것으로 받아들였기 때문이다."*

그러나 모든 인제누우스가 예외 없이 '너무나 당연'하게 이런 엄청난 부와 자유를 누릴 수 있었던 것은 아니었습니다. 인제누우스 안에는 소수의 지배계층과 평민, 그리고 하루 벌어 하루 먹고 살아가는 빈민층으로 다시 계급이 나뉘어 있었습니다. 이들 중에서 오직 소수의 지배계층들만이 침해받지 않는 절대적인 자유를 누릴 수 있었지요.

앞서 자유인들에게는 공직에 진출할 수 있는 공무담임권이 주어진다고 말했지요. 그런데 공직자 중에서도 아주 높은 직위인 정

* 필립 아리에스·조르주 뒤비 책임편집, 『사생활의 역사 1—로마 제국부터 천 년까지』, 주명철·전수연 옮김, 새물결, 2002, 251쪽.

무관에 오를 수 있는 권리는 자유인 중에서도 오직 인제누우스에게만 주어졌습니다.

정무관이라는 직책이 사실 무보수에 고작 임기 1년의 명예직이었다는 것을 생각하면 놀라운 일이지만, 로마시대의 공직이란 봉사직이었습니다. 우리도 국회의원 같은 공무원을 흔히 '국민의 공복'이라고 표현하지만 오늘날 고위공직자나 국회의원을 봉사직이라고 생각하는 국민은 거의 없겠지요. 더 놀라운 건 정무관이 되려면 반드시 군 복무를 마쳐야 했다는 점입니다. 오늘날 우리나라 고위공직자나 국회의원을 무보수 명예직으로 하면서, 그것도 군필자만이 할 수 있다고 못박는다면 과연 얼마나 많은 사람들이 하려고 할까요? 어쩌면 지금 그 자리에 앉아 있거나 과거에 역임했던 많은 사람들이 자격미달일지 모르겠습니다. 이런 현실을 생각해보면 '명예로운 로마시민의 공복' 역할을 자처했던 로마 지배계급의 발걸음이 새삼 신선하게 느껴집니다.

로마의 자유인들은 민회에서 투표할 권리도 갖고 있었습니다. 로마 원로원이 씨족 지도자들의 회의체였다면 민회는 입법, 사법, 선거를 위한 로마시민populus Romanus의 총회를 말하는데요. 로마시민은 형사재판에서 유죄판결을 받을 경우 민회에 상소할 수 있는 권한이 있었습니다. 그래서 로마시민은 아무리 극악한 범죄를 저질렀더라도 그냥 사형시키지 않았습니다.

신약성서를 보면 로마시민의 상소권이 적용되는 구체적인 사례를 확인해볼 수 있습니다. 사도 바오로(바울)의 경우가 그러하지요. 로마시민권자였던 사도 바오로는 광범위한 지역의 선교 여행을 마치고 예루살렘으로 돌아온 뒤, 율법을 우선시하며 그를 배신자로 낙인찍은 유대인들에게 붙잡혔습니다. 로마 군인들은 이 사태가 폭동으로 번질까 두려워 바오로를 체포해서 급히 카이사리아로 호송하여 2년 가까이 구금하는데요. 바오로는 황제에게 상소했고 그후 로마로 보내지는데, 로마로 가기 전 쓴 편지가 바로 신약성서의 '로마인들에게 보낸 편지'이지요.* 바오로와 달리 예수가 십자가에 못박혀 죽은 것은 그가 로마시민이 아니었기 때문입니다. 로마시민도 아닌 자가 대역죄에 반란죄를 일으켰다고 간주해 당시 가장 모욕적인 형벌인 십자가형에 처해진 것입니다.

태생적 자유인인 인제누우스가 공무담임권과 항소권 등에서 완전한 자유를 보장받았던 반면, '리베르투스'는 약간 달랐습니다. 리베르투스는 '정당하고 합법적인 해방을 통해 자유인이 된 노예'만을 가리키는데요. 어떠한 계기로 자유로운 시민이자 비공식적인 자주권자가 된 사람을 말합니다. '리베르투스'라는 용어는 처음에는 아버지가 노예에서 해방된 다음에 태어난 '아들'을 가리키

* 한동일, 『라틴어 수업』, 흐름출판, 2017, 93~95쪽.

기 위해 사용된 말에서 기원했다고 추정됩니다.

해방노예 '리베르투스'는 자유인은 자유인이되, 태생적 자유인인 인제누우스와 비교하여 여러 가지 차별이 있었습니다. 요즘 식으로 표현한다면 인제누우스는 '금수저'라고 볼 수 있을 테고요. 리베르투스는 흙수저로 태어났지만, 천신만고의 노력을 기울여서 혹은 벼락같은 운을 만나서 은수저, 또는 동수저가 된 자유인이라고 할 수 있을 거예요. 리베르투스는 정치적, 사회적으로 확실히 인제누우스보다는 못한 대우를 받았습니다. 같은 자유인이라고 해도 인제누우스와 리베르투스 사이에는 보이지 않는, 혹은 명백하게 보이는 어떤 벽이 놓여 있었습니다. 자유인이긴 하지만 차별적이고 선별적인 자유를 누리는 자유인이라니, 리베르투스란 참 모순적인 존재이지요?

그럼 로마의 동수저들이 금수저들에 비해 어떤 차별을 받았는지 하나하나 파헤쳐보겠습니다.

우선, 해방노예는 공적 임무에서 배제되었습니다. 정무관직과 신전에서 일하는 신관에서 배제되었고 원로원 의원도 될 수 없었어요. 또한 리베르투스는 군 복무를 할 권리조차 없었기 때문에, 군 조직에 기반을 둔 병사 회의체인 민회에도 참여할 수 없었고 여타 민회에서의 투표권도 없었습니다. 물론 인제누우스와 비교하면 리베르투스는 극소수였기 때문에 설령 투표권이 있다 하더라도 큰 정치적 의미나 영향력을 발휘하긴 힘들었을 거예요. 오늘날도 마찬가지이지만 로마시대도 개천에서 용 나기가 하늘의 별 따기 정도로 어려웠고, 용이 나긴 났으나 정말 중요한 권리는 갖지 못했던 거죠. 그래도 평생 개천 속 물고기인 노예로 사느니, 개천 출신이란 꼬리표가 평생 따라붙는 한이 있더라도, 해방되어 먼 바다로 나갈 수 있다는 사실만으로도 리베르투스는 큰 만족감을 느끼지 않았을까 합니다. 또한 보호인, 즉 원주인과 신뢰관계 속에서 일했기 때문에 해방노예의 사회적 평판도 나쁘지 않았답니다. 제국 관방關防, 일반 행정, 재정 같은 일자리들이 해방노예, 특히 '황제의 피해방 노예liberti Caesaris'에게 돌아갔기 때문에, 그들의 사회적 명예는 점점 높아졌습니다.

그래도 해방노예는 인제누우스에 비해 사회적으로 불리한 제약들이 더 있었는데요. 해방노예의 자녀들이 로마시민권을 얻으려면 여성이 적어도 4명 이상의 자식을 낳아야 했습니다. 반면 인제누우스는 3명만 낳아도 자녀들의 권리를 인정해주었어요. 태생적 자유인보다 면천된 자유인이 자식을 더 많이 낳도록 강제한 것이지요. 자녀가 태어나면 당연히 부여해야 할 시민권을 이렇게 자녀의 수까지 일률적으로 강제하면서 철저하게 감독했던 이유는 로마제국의 사망률이 무척 높았기 때문이었습니다.

로마제국의 큰 사회문제 중 하나는 바로 질병과 죽음이었습니다. 특히 유아와 젊은이들의 사망률이 매우 높았습니다. 영유아

사망률은 출생 직후 5년간(55퍼센트)이 가장 높았고 신생아 가운데 약 3분의 1은 생후 1년이 되기도 전에 죽었기 때문에, 영유아기에 사망한 자녀의 수는 아예 기록하지도 않았습니다. 로마인의 주요 사망 원인은 이질과 설사, 고열을 동반하는 콜레라와 장티푸스, 폐렴과 결핵 같은 폐질환이었는데요. 전반적으로 빈약한 영양 상태나 열악한 위생 환경이 사망률을 높였던 것으로 보입니다. 로마인들 가운데는 공동주택인 '인술라insula'에서 밀집해 사는 사람들이 많았는데, 인구밀도가 높은 대단지인지라 전염병이 삽시간에 퍼졌습니다. 게다가 제국의 군대가 원정을 갔다가 돌아오면서 새로운 전염병이 유입되어 사망률을 더욱 높였고요. 가령 165년 페르시아전쟁에서 귀환한 로마군이 옮겨온 천연두는 25년 동안 맹위를 떨치며 로마제국 인구의 약 10퍼센트에 해당하는 600만 명 정도를 죽음으로 몰아넣었습니다. 이렇게 참혹하게 높은 사망률은 로마 여성들에게 더 많은 아이를 낳도록 압력을 가하는 원인이 됐고요.* 그래서 로마제국은 다양한 세제혜택으로 출산장려정책을 펴면서, 자유인들을 대상으로 최소한의 출산 마지노선제까지 시행했던 겁니다. 로마의 출산장려정책에 대한 보다 흥미로운 이야기들은 10강에서 '로마의 결혼제도'에 대해 강의할 때 다시 이어가겠습니다.

* 크리스토퍼 켈리, 『로마 제국』, 이지은 옮김, 교유서가, 2015, 182~190쪽 참조.

해방노예가 맞닥뜨린 장벽은 이뿐만이 아니었습니다. 해방노예들은 원로원 신분의 가문과 혼사를 맺을 수도 없었고요. 더불어 노예였을 때 주인이었던 보호인에게 '공손obsequium과 봉사opera의 의무'를 다해야 했습니다. 공손의 의무를 좀더 구체적으로 말하자면, 해방노예는 보호인에게 아무리 부당한 대우를 받아도 그를 상대로는 절대 형사소송이나 불명예소송을 제기할 수 없었습니다. 또한 관할 정무관의 허가 없이는 그 밖의 다른 소도 제기할 수 없었어요. 만일 해방노예가 자기 보호인을 상대로 소를 제기하면 공손할 의무를 위반한 것으로 보았습니다. 즉, 배은망덕의 책임을 물었던 겁니다.

'공손'을 의미하는 라틴어는 '옵세퀴움obsequium'입니다. 본뜻에 '비위 맞춤, 순종, 아부'라는 의미가 숨어 있는 단어이지요. 해방노예는 원주인에게 비위를 맞추고 순종하고 아부해야 한다는 함의가 있는 셈입니다. 실제로 법학자 울피아누스는 "피해방 노예는 보호인과 그 자녀에게 항상 도의에 어긋나지 않게 존경을 보여야 한다Liberto et filio semper honesta et sancta persona patris ac patroni videri debet"(D. 35. 15. 9)고 했습니다. 나아가 해방노예는 보호인, 즉 본래 주인에게 공손할 의무 외에도 '봉사할 의무'가 있었는데요. 말이 '봉사'지 사실 주인집을 도와줄 의무나 다름없었는데, 노동력을 제공하고 재산을 관리하며 원주인의 자녀까지 돌봐야 했답니다. 대외적으로는 해방되었다고 공표했으나, 결국 원래의 주인에게는 철저히 매여 있는 것이 리베르투스의 실상이었던 것이죠.

초기 로마법에서는 해방의 종류와 노예의 나이에 따라 해방노예의 법적 지위도 여러 단계로 구별되어 있었습니다. 그러나 유스티니아누스 황제는 이런 구별을 없앴고 앞서 여러 가지 권리 제한도 폐지하거나 크게 완화했습니다. 그러나 원주인과 해방노예 사이의 관계를 완전히 끊을 수는 없었습니다. 원주인은 노예제도하에 보장받던 노예의 생사여탈권이 조금 약화된 형태라고 할 수 있는 징벌권도 여전히 가지고 있었고, 해방노예에 대한 후견권과 상속권까지 갖고 있었으니까요. 해방노예가 법정 상속인 없이 사망한 경우엔 원주인이 해방노예의 재산을 물려받을 수도 있었어요.* 한편 원주인과 해방노예는 상호 부양의 의무도 있었습니다. 이는 어느 한쪽이 빈곤에 빠질 경우, 경제적으로 도와줄 의무를 말합니다. 그러나 해방노예와 여성 보호인의 혼인 또는 보호인의 딸과의 혼인은 엄격히 금지했습니다(D. 37. 14). 쉽게 말해 양반과 상놈이 피를 섞지 않는 이치로, 한 번 종놈은 끝까지 종놈으로 남았던 것입니다.

계급사회에서 해방노예들은 법적으론 자유인이었지만 실제 신분은 아직 종속적인 관계에 있었으니 그 사이 어디쯤에서 큰 고통을 겪었을 겁니다. 주인에게 완전히 예속된 노예가 아닌데도 주인

* Cfr. F. del Giudice, op. cit., p.317.

을 위해 헌신과 봉사를 다해야 했고, 그나마 생긴 법적 지위도 미약하고 불안정했지요. 예속의 고리만 조금 느슨해졌을 뿐, 삶 자체는 노예일 때보다 크게 나아지지 않았습니다.

이런 해방노예의 비애를 오늘날의 현실에 투영해본다면 지나친 생각일까요. 돈과 경제력에 관한 한 모든 이가 노예와 다름없음을 그대로 인정하고 인식하며 사는 사람들이 있는가 하면, 자신이 노예인 줄도 모르고 노예 노릇을 하는 사람들이 적지 않습니다. 어떤 사람들은 아예 돈과 권력 앞에 납작 엎드려 조용히 순종하는 것이 삶의 지혜라도 되는 양 그렇지 못한 사람을 비웃고 짓밟습니다. 해방노예가 노예를 짓밟는 것 같은 구도가 연상되는 현대의 슬픈 풍속도입니다. 문득, 인간이란 무엇인지를 묻게 됩니다. 2천 년의 시간이 흘렀어도 인간의 존재와 태도 가운데 변치 않는 비겁과 악습이 존재함을 아프게 느낍니다.

다만 해방노예에게도 예외는 있었습니다. 주인의 유언에 따라 해방된 노예libertus orcinus는 리베르투스보다는 나은 특권을 가졌습니다. 즉 원주인이 죽으면 다른 보호인을 갖지 않고, 원주인에게 바쳐야 했던 의무에서 완전히 벗어날 수 있었답니다.

또한 황제가 보호인의 동의 아래 부여한 해방노예의 신분은 '태생의 회복restitutio natalium'에 의해 완전히 달라질 수도 있었는데요. '태생의 회복'이란 노예가 태생적 자유인, 즉 인제누우스 신분을 갖는 특권을 말합니다. 그야말로 하늘이 돕는다고 할 수 있을 정도의 극적인 신분 상승이지요. 이렇게 황제가 직접 명령하여 금수저로 신분 상승한 해방노예는 원주인에게 덜 예속되며 모든 공직을 가질 수 있는 권리를 얻는 것은 물론이고, 인제누우스에게만 열려 있는 기사계급이 될 수도 있었습니다.

또하나 중요한 것이 '태생의 회복'을 움켜쥔 해방노예는 '금반지 착용 권한Ius anuli aurei'을 취득할 수 있었다는 점인데요. 손가락에 금반지 하나 끼는 것이 뭐 그리 대단한가 생각할 수도 있지만, 로마사회에서 금반지는 태생적 자유인인 기사계급만이 낄 수 있었습니다. 따라서 손에 반지를 끼고 있다는 것만으로도 그의 신분적 특권을 나타냈지요. 이 금반지의 실질적인 용도는 일종의 도장과 같았는데요. 스스로 작성한 중요문서나 또는 증인으로 입회한 문서에 날인하기 위해 금반지를 착용했고, 이는 오래된 로마의 관습이었습니다.

2세기 도시, 로마사회의 모습은 상반된 두 요소의 놀라운 공존이라는 말로 표현할 수 있습니다. 외견상 로마사회는 신분상의 분리 장벽이 굳게 쳐져 있었습니다. 상당히 엄격하고 견고한 계급적 질서를 바탕으로, 수억 대의 재산을 소유한 귀족계급과 익명의 수많은 도시빈민을 의미하는 '프롤레타리아proletaria' 사이에 중간계급이 존재했지요. 원칙적으로 자유 신분으로 태어난 인제누우스만이 로마시민 혹은 그 이상의 신분이 될 수 있었는데, 이들은 법적 권한이나 신분이 보장되지 않았던 노예들과는 확연히 다른 존재였습니다. 이들 사이에도 법적으로 신분과 자유가 보장되는 로마시민과 법의 구속 및 강요를 받는 신분이 따로 존재했으며, 로마시민 사이에서도 재산의 규모에 따라 사회적 가치가 달리 인정되는 계급의 사다리가 존재했습니다.*

우리 헌법은 "모든 국민은 인간으로서의 존엄과 가치를 가지며, 행복을 추구할 권리를 가진다"고 말합니다. 또 "모든 국민은 인간다운 생활을 할 권리를 가진다"고도 합니다. 하지만 우리 사회는 과연 이 헌법정신과 같은 방향으로 나아가고 있을까요? 명목상으로는 같은데 실질적으로 같지 않은 데서 인간은 더 큰 차별과 좌절감을 느낍니다. 자유인이지만 엄연히 다른 신분적 차이가 있었던 로마시대 두 자유인의 모습에서, 저는 겉으로는 평등한 민주주의 사회이지만 한발 더 들어가보면 분명히 존재하는 우리 사회의 지배계급과 피지배계급 사이의 불편부당과 갈등을 자주 확인합니다.

인간의 위대한 역사는 끊임없이 불의한 상황을 이겨내려는 몸부림으로 쓰여왔습니다. 오늘날 사회에서 노골적으로 드러나지 않지만 분명히 존재하는 불평등과 불의를 직시하는 사람들은 쉬

* 제롬 카르코피노, 『고대 로마의 일상생활』, 류재화 옮김, 우물이있는집, 2003, 131~132쪽 참조.

지 않고 사회 변혁에 목소리를 높이고 있습니다. 한 사람 한 사람이 모여 거스를 수 없는 변화의 물줄기를 만들어내고, 그 투쟁이 결실을 맺을 때 위대한 역사가 됩니다.

그러나 그 과정은 너무나 힘들고 피곤하지요. 시간이 오래 걸릴 수도 있고 상황은 언제 어떻게 변할지 알 수 없습니다. 살아나가기 위해 각자 감당해야 할 일도 많기 때문에, 공동의 목표를 가진 사람들이 일사불란하게 단 하나의 투쟁에 몰두하길 기대하기도 어렵습니다. 그러다보면 서로 짜증내고 갈등하고 손가락질하게 되지요. 우리를 힘들게 하는 본질적인 이유는 따로 있는데, 그걸 인식하고 개선하기 위해 시작한 일인데, 어느새 그 사실은 잊고 같은 처지의 사람들끼리 서로 다투고 비난합니다.

신영복 선생의 책 『감옥으로부터의 사색』에 실린 '여름 징역살이—계수님께'라는 글이 떠오릅니다. 교도소에 사는 사람들에게 여름의 무더위는 바로 옆 사람을 증오하게 하는 형벌 중의 형벌이며, 그 미워하는 마음이 고의적인 행동 때문이 아니라 그냥 너무 더워서 생기는 것임을 알아차리지 못하거나, 알면서도 증오의 감정과 대상을 바로잡지 못한다고 하였지요.

> 자기의 가장 가까운 사람을 향하여 키우는 '부당한 증오'는 비단 여름 잠자리에만 고유한 것이 아니라 없이 사는 사람들의 생활 도처에서 발견됩니다. 이를 두고 성급한 사람들은 없는 사람들

의 도덕성의 문제로 받아들여 그 인성을 탓하려 들지도 모릅니다. 그러나 우리는 알고 있습니다. 오늘내일 온다 온다 하던 비 한 줄금 내리고 나면 노염老炎도 더는 버티지 못할 줄 알고 있으며, 머지않아 조석의 추량秋涼은 우리들끼리 서로 키워왔던 불행한 증오를 서서히 거두어가고, 그 상처의 자리에서 이웃들의 '따뜻한 가슴'을 깨닫게 해줄 것임을 알고 있습니다. 그리고 추수처럼 정갈하고 냉철한 인식을 일깨워줄 것임을 또한 알고 있습니다.*

한편, 재독 철학자 한병철 선생은 이렇게 썼습니다. 독일어의 "자유롭다frei, 평화Friede, 친구Freund와 같은 표현의 인도게르만어 어원인 'fri'는 '사랑하다'라는 뜻이다. 인간은 바로 사랑과 우정의 관계 속에서 자유를 느끼는 것이다. 묶여 있지 않음으로 해서가 아니라 묶여 있음으로 해서 자유로워진다."** 어딘가에 묶여 있지 않음이 아니라 묶여 있어야 느끼는 '자유'라는 말뜻을 통해, 이 지상 여정에서 '순례자로서의 나' '단순 체류자로서의 나' '관광객으로서의 나'에 대해 생각해봅니다. 유한한 인간의 삶, 언젠가는 죽음으로써 이곳을 떠나야 하는 삶. 결국 이 불평등한 사회에서 우리가 그나마의 자유를 찾을 길은, 사회의 일원으로 묶여 있다 할지라도 지위와 계층을 구분하지 않고 그저 사람 대 사람으로서 사

* 신영복, 『감옥으로부터의 사색』, 돌베개, 2018, 396~397쪽.

** 한병철, 『시간의 향기』, 김태환 옮김, 문학과지성사, 2013, 62쪽.

랑과 우정을 나누는 것뿐이 아닐는지요.

나는 우리 사회에서 진정한 자유인일까요? 자유인으로서의 권리와 책임에 대한 의식을 가지고 살고 있을까요? 그리고 내 이웃의 자유와 권리를 존중하고 있을까요? 그런데 이러한 질문을 던지는 나조차도 어느 순간 그 누군가에게는 '갑'으로 존재하지나 않았을지 성찰하는 시간을 가져야겠습니다.

Ius vivendi ut vult.

유스 비벤디 우트 불트.

"당신이 원하는 대로
살 수 있는 권리."

'조선놈에겐 매가 약이다?' 폭력과 야만의 역사를 기억하라

로마인들의 일상생활을 촘촘히 엿볼 수 있는 역저인 로버트 냅의 저서 『99%의 로마인은 어떻게 살았을까』에는 노예제에 대한 다음과 같은 예리한 통찰이 나옵니다.

> 동물의 사육과 노예제도의 시작은 서로 뗄 수 없는 관계이다. 모든 동물 가운데 어쩌면 사람이야말로 가장 쓸모가 많은 동물일지도 모르기 때문이다. 그래서인지 오래전부터 인간은 자신의 행복을 위해 다른 인간을 길들이려는 시도를 해왔고 그러한 시도는 곧잘 성공했다. 이처럼 오랜 기간에 걸쳐 자연스럽게 발전한 노예

제도와, 인간의 필요를 위해 동물을 이용하는 행위가 함께 거론된다는 사실에서 우리는 왜 고대에 노예제도가 정상적인 제도로 받아들여졌는지, 왜 심각한 논쟁의 대상이 되지 않았는지 짐작할 수 있다. 노예제도는 형태와 운용 방식이 지역에 따라 다를 수는 있어도 고대 그리스-로마 세계 어디에나 존재했다.*

어쩌면 오늘날 광풍처럼 일고 있는 4차산업혁명이나 인공지능에 대한 갈망의 밑바닥에도, 쓸모가 많은 존재를 날 위해 길들이려는 인간의 근원적인 욕망이 깔려 있다는 생각도 드는군요.

노예의 소유주들이 노예를 물건처럼 언급하고 치부하는 경우도 있었지만, 그렇다고 노예가 완전히 물건으로 취급되지는 않았습니다. 명목상으로나마 노예는 인간과 같은 존재로 간주되었는데요. '악질'인 노예 소유주조차 노예들에게 '훌륭한 노예'가 될 것을 요구했습니다. 노예가 물건이었다면, 주인에게 충성하고 더욱 훌륭한 노예로 거듭나야 한다는 터무니없는 요구는 아예 하지도 않았겠지요. 인간이지만 주인이 소유권을 주장하는 물건이자 재산이기도 했던 노예—사람이 사람을 팔고 부리고 소유하는 인류사의 가장 잔혹하고도 처절한 비극은 바로 여기서부터 비롯된 것입니다.

* 로버트 냅, 『99%의 로마인은 어떻게 살았을까』, 김민수 옮김, 이론과실천, 2012, 192쪽.

노예의 소유주는 법률이 물건에 대해 인정한 권한을 노예에게서 가졌습니다. 심지어 노예를 죽일 수 있는 권한까지 있었습니다. 로마에 관한 각종 기록을 찾아보면 노예에게 수많은 유형의 폭력이 다반사로 일어났음을 알 수 있는데요. 다만 노예의 주인들이 누구를 언제 어떻게 왜 처벌했다는 구체적인 사례는 거의 찾아보기 힘듭니다. 그러나 라틴어를 살펴보면 노예들이 일상적으로 맞았다는 정황이 단어에 남아 있습니다. '매 맞는 노예'라는 단어를 우리는 이렇게 여러 단어를 조합한 어구로 만들어 쓰지요. 하지만 로마에서는 '매 맞는 노예'라는 뜻을 가진 하나의 명사가 존재했습니다. 바로 '플라그리트리바flagritriba'라는 단어인데요. 이 단어는 로마사회에서는 사실상 노예의 입장에서 '매 맞는 노예'라는 의미로 쓰이기보다는 주로 때리는 사람 입장에서 '채찍 소모자'라는 뜻으로 쓰였습니다. 한국 영화 가운데 일상에 파고든 폭력적이고 권위적인 인간관계를 고발한 〈구타 유발자들〉이라는 영화가 있지요? 저는 이 영화의 제목만 보고도 섬뜩한 느낌을 받았습니다. '구타 유발자들'이라는 한 단어에 내가 때리는 것이 아니라 네가 맞아도 싼 짓을 해서 구타를 유발하는 것이다, 라는 폭력을 정당화하는 자들의 논리가 그대로 들어 있었으니까요. 마찬가지로 로마의 '채찍 소모자'라는 단어에는 채찍이 자꾸만 낡고 닳아서 새로 구하게 만드는 하찮은 존재들, 아무리 때려도 채찍이 모자란 낮은 신분의 사람들이라는 의미가 함축되어 있었습니다.

노예는 노상 맞는 게 일이었습니다. 심지어 맞을 만한 별다른 이유가 없는데도 주인의 컨디션이 나쁘면 묵묵히 맞았고, 아무리 일을 잘했더라도 주인이 그냥 때리고 싶은 마음이 들면 냅다 맞았습니다. 노예 주인이 아무리 부당한 폭력을 휘두르더라도 그것을 제재할 방법은 사실상 없었습니다.*

우리나라 역사에서는 조선시대의 노비제도가 노예제와 흡사하다고 볼 수 있겠지요. 그러나 그후의 역사에서도 노예를 떠올리게 하는 무도한 장면들은 속출했습니다. 일본제국주의가 조선의 문화와 역사 그리고 사람들까지 통째로 노예로 삼고자 했던 일제강점기, 일본인들은 "조선통치 방식을 '과격하게' 바꾸기보다는 '조선인의 민도民度'에 맞게, 조선 전래의 관습과 관행을 존중하면서 점진적으로 바꾸는 편이 낫다고 주장"** 했습니다.

'백성의 수준'을 뜻하는 '민도'라는 말도 일본인이 만들어낸 말이라고 하는데요. 오늘날까지도 이 단어의 연원을 모른 채 거침없이 사용하는 사람들이 있는데, 얼핏 그럴듯해 보이지만 일본인들이 말한 '민도'의 실제 의미는 이런 것이었다고 합니다. "'민도'가 낮은 조선인에게는 낮은 수준의 통치가 필요하며, 그 낮은 수준의

* 같은 책, 204쪽.

** 전우용, 『우리 역사는 깊다 1』, 푸른역사, 2015, 123쪽.

통치란 다름 아닌 '야만적 통치'"*라는 것입니다. 그리고 일본인들이 그 야만의 수단으로 꺼내든 것은 바로 '매'였습니다. "조선놈은 매가 약이다"라는 식의 말들이 떠돌아다니기 시작한 것도 바로 이 무렵부터였습니다.

이것을 그저 과거 어느 한때의 흘러간 이야기로 치부할 수 있으면 좋겠지만, 인간이라는 숭고하고 거룩한 이름 뒤에 있는 변하지 않는 야만과 모순의 본성을 저는 오늘의 현실에서도 자주 발견하곤 합니다. 국가와 국가 사이에서도 그렇고, 개인과 개인, 개인과 사회 사이의 관계에서도 마찬가지이지요. 인간은 우월과 열등을 끊임없이 나누며 지배와 복종의 관계를 확립하고 싶어합니다.

노예제는 인간을 때려도 된다고 말하는 제도입니다. 매가 약이라고 말하는 제도이지요. 강자가 약자에게 폭력과 폭언을 휘둘러도 된다고 여기는 모든 곳에, 지금도 노예제가 살아 있습니다.

세상에 맞아도 싼 인간이 정말 있을까요? 혹시나 주위에 매가 약이라고 농담으로라도 말하는 사람이 아직 있는지요?

세상 그 어디에도 매가 약이 되는 인간은 없습니다. 폭력은 인간의 몸뿐만 아니라 정신과 영혼까지도 철저히 부숴뜨립니다. 그리고 폭력은 이 세계에 잔존하는 유무형의 보이지 않는 노예제를

* 같은 책, 123쪽.

공고히 옹호하는 수단이지요.

우리 민족에게 일제강점기가 역사상 가장 참혹했던 시기였던 것은 우리 민족 전체가 노예로 치부되었던 암흑기이기 때문입니다. 그 시대는 이미 지나갔으며, 일본이 아니었다면 한국의 근대화는 더 지연되었을 거라 주장하는 이들도 있습니다. 그러나 한 민족을 매로 다스려야 할 노예로 여겼던 그 폭압의 역사를 시혜의 역사로 탈바꿈시키려는 이들이 남아 있는 한, 우리는 더욱더 눈을 크게 뜨고서 야만의 역사를 기억하고, 기억함으로써 저항해야 합니다.

노예제와 폭력의 특징은, 그 어느 시대에나 그럴듯한 논리로 야만을 정당화하고 그에 기생하려는 자들이 있다는 것입니다.

Vis legibus inimica.

비스 레지부스 이니미카.

"폭력은 법과 원수이다."

당신은 서비스하기 위해 태어난 사람?

라틴어로 노예를 '세르부스servus'라고 합니다. 자유의 신분이 없는 주체, 즉 자유가 없는 사람을 의미하지요. '세르부스servus'라는 단어의 어원을 살피려면 이 명사의 동사형인 '세르보servo'에 대해 먼저 살펴봐야 하는데요. 이것은 '보호하다, 지키다'라는 의미였습니다. 그런데 이 단어가 기원전 700년에서 450년경의 이탈리아에서는 '노예'를 가리키는 경멸적인 의미로 바뀐 것으로 추정됩니다.*

이렇게 '세르부스'의 어원을 설명하고 나면, 종종 이런 질문을

* Cfr. M. de Vaan, *Etymological Dictionary of Latin and the other Italic Languages*, Brill, 2016, p.559.

받을 때가 있습니다. "그럼 영어의 '서비스service'라는 말은 어디서 나왔습니까?"

훌륭한 질문입니다. 영어 'service'는 세르부스에서 파생한 라틴어 '세르비티움servitium'에서 유래한 단어입니다.* '세르비티움'은 노예 신분이나 그 처지를 말합니다. 그래서 '종살이, 노예제도, 노예무리, 예속, 굴종'이라는 의미가 있고, 이들이 하는 행위를 '시중, 봉사'라고 했으며, 이를 영어에서 받아들여 '서비스'라는 포괄적인 개념이 탄생한 것이지요.

라틴어는 주인을 '도미누스dominus'라 하고 종을 '세르부스servus'라고 칭했습니다. 라틴어에서 '봉사'를 의미하는 단어는 '아파리티오apparitio' '미니스테리움ministerium' '세르비티움servitium' 이 세 가지가 있습니다. 로마시대 '봉사'의 개념은 오늘날 우리가 생각하는 '섬김'이라는 의미와는 좀 달랐습니다. 사람의 신분에 따라 '봉사'의 뉘앙스도 저마다 달라지는데, '아파리티오'는 부하나 하인이 호위하거나 시중드는 것을 뜻했습니다. 이 단어는 후에 영어에서는 '발현, 현현'이라는 뜻을 지닌 단어 '애퍼리션apparition'으로 정착하게 되고요. '미니스테리움'은 주로 관직에 있는 사람이 백성을 위해 일하는 것을 뜻합니다. 그래서 우리가 현재 일반적

* Cfr. John Rowbotham, *A New Derivative and Etymological Dictionary of Such English Works as Have Their Origin In the Greek and Latin Language*, Longman, 1838, p.191.

으로 쓰는 영단어 'service'는 형태상으로는 라틴어 '세르비티움servitium'과 비슷하지만, 그 의미는 미니스테리움에 더 가깝습니다. 미니스테리움ministerium은 '직무, 직책'이라는 의미의 영단어 '미니스트리ministry'로 발전하는데요. 이는 공직 자체를 봉사직이라고 이해한 로마인들의 사고가 반영된 것이겠지요.

앞서 본 것처럼 노예의 소유주들은 매와 생사여탈권으로 무장한 채 노예들에게 '세르비티움'을 당연하게 요구했습니다. 그러나 로마법은 큰 틀에서 노예도 인간이라는 규정하에 노예의 가정을 일정하게 보호했습니다. 노예의 가족 구성원이 헤어져 지내지 않도록 법으로 규정한 것이지요. 그렇다고 노예 사이의 결합을 혼인으로 인정한 것은 아니었고요. 동거contubernium로 간주했습니다. 즉, 노예끼리의 혼인은 그들 계급 사이에서 사실혼 정도의 결합으로 여겨졌습니다.

그러면서도 노예의 소유주들은 은근히 노예가 가정을 갖기를 바랐습니다. 그건 노예에게서 출생한 자녀가 그대로 주인의 재산이 되기 때문이었습니다. 많은 노예를 소유했다는 것은 곧 부유함의 상징이었습니다. 로마의 자유인들은 개인이 보통 5명에서 12명 정도의 노예를 두었고요. 20명이 넘는 경우는 희귀했습니다. 그러나 일부 귀족들은 로마 시내에 500여 명, 로마 외곽 농장에 2, 3천 명 정도의 노예를 거느리기도 했죠.*

노예제도는 처음부터 로마사회에서 큰 중요성을 가진 것은 아니었고 기원전 4세기부터 제도로 퍼져나가 점차 로마 경제의 근간이 되었습니다.** 노예는 자연법에서는 인간이었지만 법률적으로는 하나의 '사물'이었습니다. 로마법에서 물건을 가리키는 단어 '레스res'는 그 의미와 내용이 매우 광범위했는데요. 좁은 의미에서 '물건'이란 외부에 실재하는 독립된 유물체를 말하지만, 넓은 의미에서의 '물건'은 사법과 소송의 목적이 될 수 있는 권리의 객체, 가산을 구성하는 권리, 재산을 의미했습니다. 이런 물건은 다시 유통할 수 있는 것과 종교적 이유나 공적인 이유에서 유통될 수 없는 것으로 나누었는데요. 노예는 동산인 수중물res mancipi로서 사용이나 수익, 처분이 가능한 목적물이었습니다.*** 이러니 로마에서 노예의 소유주들은 노예의 동거와 출산을 장려할 수밖에 없었겠지요. 그들은 노예 인간을 '자산'이자 '자원'으로 보았고, 노예의 출산은 곧 재산이 증식되는 셈이었으니까요.

당시 로마사회의 수많은 노예들에게는 피임이나 비혼의 개념조차 없었겠으나, 저는 로마사회의 교묘한 출산장려책들을 보고 있노라면 또다시 지금 우리 젊은이들이 맞닥뜨리고 있는 엄혹한 현실이 겹쳐 보입니다. 우리 사회에서 보통 가정의 자녀들은 자라서 상당수가 서비스직에 종사하게 될 겁니다. 정당하게 대우받고 사

* 알베르토 안젤라, 『고대 로마인의 24시간』, 주효숙 옮김, 까치, 2012, 189쪽 참조.

** Cfr. F. del Giudice, op. cit., p.470.

*** 현승종, 『로마법』, 조규창 증보, 법문사, 2004, 337, 477쪽 참조.

명감을 느낄 수 있는 서비스직들도 많으나, 감정노동과 갑질, 박봉 속에서 박탈감을 느끼며 최저임금만 간신히 받고 일해야만 하는 젊은이들은 훨씬 더 많겠지요.

오늘날 우리 사회에서 출산을 기피하는 현상에는 이러한 배경이 그 밑바탕에 깔려 있는 건 아닐까요? 비단 지금의 현실이 어렵고, 거대한 사회시스템을 위해 복무하는 작은 톱니바퀴 역할을 감당해야 할지라도, '인간다운 삶'을 영위할 수만 있다면 왜 젊은이들이 가정을 꾸리고 그 가정의 웃음인 아이를 갖지 않겠어요? 인간다운 삶을 영위할 수 있는 최소한의 충족조건을 살피지 않고 국가를 위해, 미래의 우리 사회를 위해, 인적 자원의 충족을 위해 아이를 가져야 한다고 강변한다면, 그것은 과거 로마사회에서 노예가 자녀를 가져 주인의 부를 충족해주기를 바라는 마음과 뭐가 다를까요?

이 모든 걱정과 슬픔이 그저 하루에도 몇 번씩 로마와 현대를 오가며, 사회의 멍울을 가늠해보는 저의 관념 속에서만 펼쳐지는 기우라면 좋겠습니다.

De cura gerenda pro vita laboriosa.

데 큐라 제렌다 프로 비타 라보리오사.

"고단한 삶에 대한 배려."

로마인들이 떼인 돈 받는 방법

로마에서 노예 신분은 어떻게 결정되었을까요? 로마법상 노예 신분은 '태생적으로' 결정되는 경우가 가장 많았습니다. 그 밖에 전쟁에서 포로가 되었을 때, 또는 중대범죄에 대한 책임을 물어 노예로 강등시키는 형법상 처벌을 따를 때도 노예가 되는 경우가 있었습니다. 정리하자면 노예 신분의 어머니로부터 출생한 경우, 적국의 외국인이 전쟁포로로 잡혔을 경우, 그리고 범죄를 저질러 유죄판결을 받는 경우에 노예 신분이 되었습니다. 세번째 경우는 '형벌 노예'라고 따로 이름을 붙여 부르기도 했어요. 본래는 자유인이었으나 사형, 맹수형, 광산 강제노역 같은 유죄판결을 받아서 노예가 된 경우입니다. (이에 대해서는 '로마의 형벌'을 다루는 17강에서 자세하게 이야기하겠습니다.)

한편 노예가 극형의 유죄판결을 받는 경우에는 주인의 소유권이 아예 소멸되었고 회복도 불가능했습니다. 또 극형은 아닐지라도 노예가 유죄판결을 받는 경우 '해방금지ne manumittatur'라는 형벌을 받기도 했는데요. 이것은 해방될 여지가 전혀 없는, 평생 노예 신분에서 풀려날 수 없는 형벌이었습니다. '종신노예'인 셈이지요.

노예 신분이 되는 경우는 이 밖에도 또 있었습니다.

바로 빚을 못 갚았다거나 하는 이유로 자유인을 로마 한복판에 흐르는 테베레Tevere강 건너로 내다파는 경우였습니다. 비록 오늘날 '테베레강 건너'라는 뜻을 가진 '트라스테베레Trastevere' 지역에는 빚으로 팔려간 가난한 로마인들의 절규는 들리지 않고 현지인이나 관광객들이 즐겨찾는 호화로운 식당이 즐비하지만요.

그렇다면 로마시대에 자유인을 테베레강 건너로 판다는 것은 어떤 의미였을까요?

로마 최초의 성문법인 '12표법' 시대에 심판인이 '피고(채무자)는 30일 이내에 원고(채권자)에게 채무금을 지급하라'는 판결을 내렸는데도 원고가 돈을 갚지 못했다면, 원고는 피고를 살해하겠다는 위협까지도 합법적으로 행사할 수 있었습니다. 로마시대에 정중한 요청은 필요 없었습니다. 채권자가 정무관 앞에서 채무자를 강제로 연행할 수도 있었으니까요. 만약 오늘날의 연대보증인에 해당하는 이행보증인이 보증금을 지불하지 않거나 담보를 제공하지 않으면, 정무관은 채권자가 채무자를 60일간 쇠사슬로 묶어 감금할 수 있는 권한까지 주었습니다. 감금 기간 동안 채권자는 채무자의 가족이나 친지들이 그 문제를 해결할 기회를 주기 위해, 3일 연속 피고인을 사람이 북적이는 시장에 세워두고 그가 곤경에 처했다는 것을 공개적으로 보여주어야 했습니다.

그럼에도 채무금을 받는 데 실패하면 마지막으로 채무자를 로마제국의 바깥, 즉 테베레강 건너에 있는 노예시장에 팔아서 돈을 받지 못한 채권자들이 수익금을 나누어가졌습니다. 채권자들이 원한다면 채무자를 살해할 수도 있었고, 몫에 따라 채무자의 사체를 자를 수도 있었답니다. 제가 이 대목을 설명하면 꼭 이런 질문이 나옵니다.

"으악, 시체를 자른다니, 인간이 호랑이도 아니고 죽은 시체를 나누어가져서 어디다 썼대요?"

맞습니다. 이것은 실용적인 목적의 처분이 아니었어요. 다분히 상징적인 행위였습니다. '제유법pars pro toto'을 사랑한 로마인다운 행위이기도 했고요. '제유법'이란 사물의 한 부분으로 전체를, 또는 한마디 말로 그와 관련되는 모든 것을 나타내는 비유법의 일종인데요. 채무자를 죽인 뒤 그 시체 일부를 나눠갖는 행위 또한 채권자 개개인의 권리를 상징적으로 표현하는 로마인만의 의식이었던 거지요.

후대에 가서 로마인들은 이 '12표법'의 원시적인 면모에 대해서 인정했습니다. 그러나 당시의 로마가 법집행체계를 규정하는 공권력이 거의 없었던 공동체였다는 점에서 이 '12표법'을 이해해야 합니다. 로마에서 법률은 우선 당사자들끼리 의견 차이를 해결하도록 내버려두면서 최소한의 체계로 제정되었습니다. 필연적으로 노예와 가족, 그리고 친지에게 도움을 요청할 수 있는 사람이 팔아서 갚을 자산이 전혀 없거나 적은 사람보다는 더 유리한 고지에서 있었고요.

로마인들이 빚문제에 대해서 이토록 무서울 정도로 원시적인 방식으로 해결했던 이유는 로마인이 신의를 가장 중요한 덕목으로 여긴 것과 관련이 있습니다. 빚을 갚지 않는다는 행위 자체가 신의를 지키지 못했다는 증거이기도 했고요. 또 아무리 이런 절벽 끝의 상황에 몰리더라도, 최소한의 신의를 쌓아온 사람은 이행보증을 해주거나 담보를 서줄 사람이 나타나는 반면, 평소 신의가 없었던 사람은 그런 도움조차 기대할 수 없다고 본 거지요. 따라서 신의가 없다는 건 인격상실을 의미하며 사회에서 매장된 사람이라는 것을 의미했습니다.*

제가 이 책의 원고를 정리할 무렵, 몇몇 유명인들이 '빚투' 논란

* 한동일, 『법으로 읽는 유럽사』, 글항아리, 2018, 100~101쪽 참조.

에 휘말렸습니다. 유명인 본인이 소싯적에 빌리고는 갚지 못했던 빚도 있고, 단지 채무자의 혈연이나 지인이라는 이유로 억울함과 누명을 무릅써야 하는 사태도 벌어졌지요. 논란으로 인해 자신의 자리를 겸허하게 내려놓아야 했던 사람도 있었고, 채무자와 인연이 있을 뿐 엄밀히 말해 그 빚을 대신 갚을 책임은 없음에도 입방아에 올라 안타까움을 자아낸 경우도 있지만, '빌린 돈을 제때 갚았는가'는 여전히 한국사회에서도 한 사람의 신의와 됨됨이를 살피고 검증하는 중요한 기준임을 알 수 있습니다.

로마인들은 '신의'를 목숨처럼 중시했습니다. 그리고 누군가의 돈을 빌렸다가 떼먹는 것은 그 신의를 바닥에 내던진 행위로 보았습니다. 로마인들은 신의를 잃는 것은 인간성을 잃는 것이라 믿었고, 따라서 사회에서 공존할 이유도 없다고 보았습니다. 로마인들은 때로 이렇게 무모할 만큼 무서운 원칙론자들이었지만, 어쩌면 그들의 그 무모하고도 냉엄한 원칙이 세계사에 유례없는 대제국을 지탱한 하나의 축이었는지도 모르겠습니다.

Bona intelliguntur cuiuscunque, quae, deducto aere alieno, supersunt.

보나 인텔리군투르 쿠유스쿤퀘, 쾌,
데둑토 애레 알리에노, 수페르순트.

"각자의 재산은 빚을 빼고
남아 있는 것을 의미한다."

_파울루스

"우리가 인간이라는 것을 기억합시다"

빚을 갚지 못한 경우 외에도, 자유인이 노예로 전락하는 사례는 더 있었습니다. 다른 구체적인 예들을 살펴볼까요?

우선 클라우디우스 원로원의 의결Senatusconsultum Claudianum에 따라 노예가 될 수 있었습니다. 이는 기원후 52년, 노예와 사실혼관계로 살고 있는 자유인 여성에게 노예 주인이 세 번의 경고를 했는데도 그 관계를 계속 유지하면, 자유인 여성과 그 자녀까지 노예로 전락한다고 정한 클라우디우스 황제 시대의 원로원 의결을 말합니다. 이 경우, 노예와 사실혼관계를 유지한 자유인 여성은 그녀가 관계를 유지한 노예의 주인에게 그대로 종속되었습니다.

또한 주인의 뜻으로 자유인이 된 해방노예가 원주인에게 배은망덕한 행위를 한 경우, 다시 노예로 전락했습니다. 앞서 해방노예는 원주인인 보호인에게 공손과 봉사의 의무를 다하며 착한 행실을 보여야 한다고 설명했지요. 그런데 해방노예가 보호인을 상대로 소송을 제기하는 등 배은망덕한 행위를 하면, 그 책임을 고스란히 물어 다시 노예가 되었습니다.

해방노예마저 공손과 봉사의 의무에 묶여야 했던 노예들과는 달리 주인은 노예를 맘껏 다루었습니다. 하지만 그렇다고 해서 노예 소유주에게 무제한의 권리가 허용됐던 것은 아닙니다. 로마제국은 법적으로 주인의 권한을 일정 부분 제한했습니다. 노예를 '정당한 이유' 없이 살해한 주인은 처벌했고, 노예를 가혹하게 학대하는 주인에게는 강제로 노예를 매각하라는 명령을 내릴 수 있었습니다. 더 나아가 로마제국 후기에는 그리스도교의 영향으로 노예 관련 법규가 노예들의 이익에 부응하는 쪽으로 자주 개정되기도 했습니다.

노예는 그가 누구이든 무엇을 하든 본래 열등한 존재였고 법적으로도 당연히 열등했습니다. 하지만 이렇게 정의하고도 로마인들은 노예도 '인간persona'으로 간주했습니다. 그래서 노예도 도시의 제사sacra와 주인 가족의 제사에 참여할 수 있었습니다. 로마인에게 '제사'는 신과 인간 사이의 일로 사적으로나 공적으로 다양하게 수행되는 가장 중요한 행사였습니다. 공적 제사는 국가나 공공단체에서 주관하였고, 후에 로마가톨릭교회는 이를 '성사 sacramentum'라는 교리로 발전시킵니다. 이런 연유에서 노예에게도 종교의 자유를 허용했고, 주인도 노예의 신앙문제에 대해서는 일절 간섭하지 않았습니다. 노예도 그들 고유의 종교행사에 참여하거나 종교단체에 가입하여, 그 단체의 지도자나 관리자 역할을 할 수 있었습니다. 초기 그리스도교가 로마에서 퍼져나갈 수 있었던 측면도 이렇게 계급을 막론하고 종교의 자유가 있었기 때문에 가능했지요.

사람을 물건으로 취급하는 분명한 차별적 시선 속에서도 의외로 로마의 노예 신분은 도무지 참을 수 없을 정도로 고통스러운 것만은 아니었고, 영원히 지속되는 것도 아니었습니다.

노예 가운데는 교사, 의사, 책 읽어주는 자같이 식솔을 여럿 거느리고 대저택에 사는 전문 노예들도 있었습니다. 2세기 중엽 로마에 와서 살게 된 그리스의 역사가 아피아노스Appianos는 노예들과 자유인들의 위상이 거의 비슷하다는 사실에 크게 놀랐습니다. 아피아노스가 기록한 안토니누스 피우스Antoninus Pius 황제 시절의 로마를 들여다보면, 노예와 자유인은 외적으론 거의 구분하기가 어려울 정도였다고 합니다. 일례로 주인이 행정관이라면 업무 중인 행정관들이 입는 전용 토가를 걸치고 있어 신분을 알아볼 수 있었겠지만, 평소에는 주인도 노예와 특별히 다른 옷을 입는 건 아니었다고 합니다.*

시간이 흐르면서 신분 해방의 형식과 절차는 훨씬 느슨해지고 간소해졌습니다. 노예해방에 관한 이렇다 할 실질적 법률이 없었기 때문에 종전의 신분해방 절차는 더욱 신속하고 간단하게 처리됐지요. 때론 노예의 주인이 자기 이름을 서명한 편지 한 통이면 충분했고, 주인이 연회 도중 손님들이 보는 앞에서 그저 몇 마디 말로 선언만 해도 손님들이 증인이 돼주는 방식으로 신분해방을 인정하기도 했습니다. 그래서 당시 로마 인구의 80퍼센트가량이 노예 출신으로서 신분해방의 길을 통해 자유인이 되었다는 기록도 있습니다.

이 같은 현상은 상당히 흥미롭습니다. 이런 지속적인 신분상승은 사회 구성요소들을 끊임없이 새롭게 바꿔줌으로써 로마사회가 발전하는 새로운 자양분이 되었고, 융합과 동화의 장 역시 드넓게 펼쳐져 있었기에 로마는 더욱 확대되고 번성할 수 있었습니다.**

신분상승의 통로가 완전히 차단된 사회나 국가는 융성하기 어렵습니다. 부자, 권력자, 경제권을 장악한 재벌 등 기득권자가 자신들만의 폐쇄된 네트워크를 공고히 하기보다 다양한 사회 구성원들이 새로이 진입할 수 있도록 신분상승의 사다리를 유지해야 한다는 이야기는 단순히 사회정의나 정책적인 호소의 차원에서

---

* 아피아노스, 『고대 켈트이베리아 지방 사람들과의 전쟁Bella Celtiberica』(Appien, B. C. II. 120).

** 제롬 카르코피노, 『고대 로마의 일상생활』, 139~145쪽 참조.

만 그칠 일이 아닙니다. 인류의 역사에서 노예제가 어떻게 폐지되었는지 들여다보면서, 한 사회가 그리고 그 사회의 부가 유지되는 경제논리까지도 분명히 성찰해야만 더 큰 성장을 이룰 수 있을 것입니다.

애덤 스미스는 1776년 지주들에게 노예제를 폐지해야만 할 이론적 근거를 다음과 같이 제시했습니다.

"(아무리 일해도) 최소한의 생계비밖에 받을 수 없는 노예는 제 한 몸 편한 것만 생각하므로 생계보장비 이상이 되도록 토지 경작의 소출을 늘리려고 하지 않는다. 반면 자유로운 임금노동자는 자기 소득을 높이기 위해 더 부지런하고 효율적으로 일하기 때문에 고용주의 비용 절감에 기여한다."*

나아가 애덤 스미스는 노예들이 자유인으로서 재산을 소유하게 되면 "생산을 통해 자기가 받을 몫을 늘리기 위해 되도록 많이 생산하려는 동기를 갖게 된다"**고 말했습니다. 이러한 논리는 19세기 초부터 노동절감형 농기구가 도입되고 비용절감 효과를 고려하게 되면서, 노예노동을 반대하는 주요한 근거가 되었지요.***

노예제도는 단순히 자연법의 평등사상이나 그리스도교의 순수

* Roberspierre, *National Convention*, in *Oeuvres*, vol. 3, December 25, 1973, pp.538~539.

** Kant, *The Contest of the Faculties*, in *Kant's Political Writings*, p.182.

*** 미셸린 이샤이, 『세계인권사상사』, 조효제 옮김, 도서출판 길, 2005, 272~273쪽 참조.

이상만으로 폐지된 것이 아니었습니다. 급변하는 산업구조 안에서 더이상 노예제도가 필요 없는 상황에 이르렀기 때문에 폐지된 것이지요.*

사람은 필요에 따라 길들여질 수 있는 동물입니다. 그러나 자발적 발로로 이어지는 동기가 주어지면 길들여진 것 이상의 엄청난 효율과 성과를 내는 위대한 가능성을 가진 동물이기도 합니다. 인간이 인간을 억압하고 필요에 맞게 길들이고 조종할 수 있다는 생각을 근본적으로 버리고, 제한된 열매를 몇몇 소수의 권력자나 재력가가 독점하는 방식이 아니라 함께 공유하는 방식을 택한다면, 인간 사회는 이제까지와는 다른 곳에서 더 많은 열매를 맺을 수 있을 겁니다. 그리고 그제야 비로소 희망 없는 어두운 터널에 갇힌 것만 같았던 약자와 빈자들의 팍팍한 삶도 조금이나마 숨통이 트일 겁니다.

지금까지 우리는 고대 로마사회에서 시행된 노예제의 다양한 모습과 그림자를 살펴보았습니다. 그렇다면 지금의 우리는 로마의 노예들을 기억하며 무엇을 고민해야 할까요? 오늘날 많은 유능한 젊은이들이 안정된 전문직이라는 이유로 교사나 의사가 되기 위해 노력하지만, 로마시대의 교사나 의사는 노예였습니다. 장

* 한동일, 『법으로 읽는 유럽사』, 201~203쪽 참조.

구한 역사 속에서 사람의 신분과 지위는 얼마든지 변할 수 있습니다. 변하지 않는 건, 오직 끊임없이 타인과 구별짓는 과정을 통해 자신의 우월성을 드러내고 특권을 누리고 싶어하는 인간의 본능이 시대를 불문하고 이어져왔다는 점이겠지요.

그런데 인간이라는 존재의 우월성과 고귀함은 정말 다른 사람과 비교하고 구분해야만 부각될 수 있는 것일까요? 본능은 본능이기 때문에 어쩔 수 없이 그대로 두어야 할까요? 본능대로만 산다면 인간은 짐승에 좀더 가까워질 것입니다. 그나마 다행스러운 점은 인간이 자신을 우월한 존재로서 타인과 구분하고자 하는 본능을 가지고 있지만, 모두가 그 욕망과 본능을 갖고 있기 때문에 최소한 서로 같은 조건을 갖고자 투쟁해왔고, 그 결과로 지금의 법이 모든 인간은 자유롭고 평등하다고 명시하게 됐다는 점입니다.

이마누엘 칸트는 "우리는 우리가 소유하고 있는 것이 아니라, 우리가 갖지 않고도 지낼 수 있는 것으로 부유해진다"고 했습니다. 인간이 타자와의 구분을 통해 우월적 지위를 드러내려는 게 본능에 가깝다면, 반대로 타자와 구분하지 않으려는 노력 속에 묻어 있는 인격적 성숙이, 인간다운 품위를 갖춘 진정 우월한 사람으로 우리 각자를 특별하게 만들어주는 것이 아닐까요?

세네카는 이렇게 말했습니다.

"노예들이다. 그렇더라도 인간이다.Servi sunt: immo homines."*

키케로의 말도 부디 기억해주시길.

"우리가 인간이라는 것을 기억합시다!"**

---

*　세네카, 『루칠리우스에게 보내는 서한Epistulae ad Lucilium』(Sen. Ep. 47. 1).

**　키케로, 『가족에게 보내는 편지Epistulae ad Familiares』(Cic. Fam. 5. 16. 2).

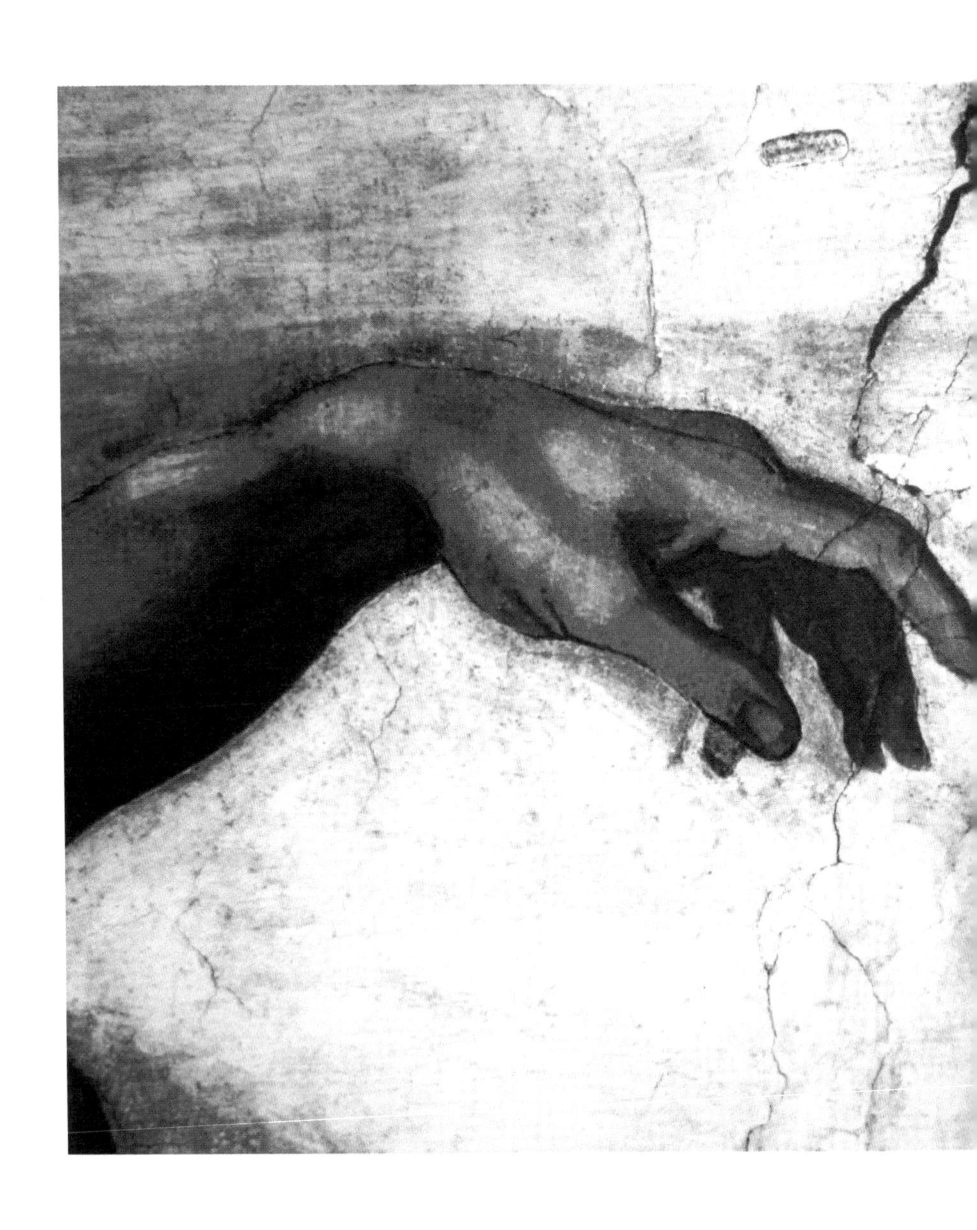

Homines nos esse meminerimus.

호미네스 노스 에세 메미네리무스.

"우리가 인간이라는 것을
기억합시다." _키케로

로마의 그림자에 가려진 에트루리아의 페미니즘

로마법에서 '여성'을 가리키는 단어로는 '페미나femina' '물리에르mulier' '욱소르uxor' 등이 있습니다. '페미나femina'는 '여성, 암컷'의 의미로 '젖을 먹이다'라는 단어에서 유래했는데요. 오늘날 뜨겁게 사용되고 있는 '페미니즘'도 바로 이 단어에서 온 것입니다. '물리에르mulier'는 혼인 여부에 상관없이 모든 여성을 가리키고 '욱소르uxor'는 기혼여성만을 가리키는 단어였습니다. 또 로마법에서 여성의 결혼적령은 12세였는데요. 그래서 결혼적령기에 있는 여성보다 더 어린 '소녀'를 의미하는 라틴어 '푸엘라puella'라는 단어를 통해 '젊은(어린) 여자'를 따로 지칭하기도 했습니다.

그리스-로마시대의 여성들은 철저하게 남성 중심적인 세계관이 지배하는 세상에서 살아야만 했습니다. 이런 남성 중심적인 세계관은 원래 지배계층이 그들 자신을 위해 만들었지만, 대부분의 평민 남자들도 이에 저항하거나 거부하지 않았습니다. 그리고 그리스-로마인들의 이런 세계관은 고스란히 여성관에도 투영되어 남성들은 아주 오랫동안 여성은 육체적으로나 정신적으로나 남자보다 열등하다는 잘못된 확신에 빠진 채 살아가게 되지요.

플라우투스가 자신의 희곡 『바커스의 여인들Bacchides』에서 "여자보다 비참한 존재는 없다"라고 썼을 때 그 말에 이의를 제기하는 남자는 없었습니다. 오직 남자만이 가치 있는 존재라는 생각은 그만큼 확고하게 자리잡고 있었으니까요.* 남성 중심적인 세계관과 가부장 위주의 사회인 로마, 그곳에서 살아가는 로마인들은 여성은 그저 남성이 보호해야 할 대상이라고 인식했습니다. 파울루스Paulus 같은 로마법학자도 "여성은 남성으로부터 보호받는 것이 마땅하다Defendi uxores a viris aequum est"** 고 규정할 정도였습니다.

여성은 공적 생활에 일절 참여할 수 없었고 공직에서도 철저히 소외되었습니다. 울피아누스는 "여자는 모든 시민적, 공적 직무

* 로버트 냅, 『99%의 로마인은 어떻게 살았을까』, 86~87쪽 참조.

** 『학설휘찬』 '인격침해와 무고에 관하여De iniuriis et famosis libellis'(PAU. l. 2 § D. de injuriis. 47. 10).

에서 격리된다Feminae ab omnibus officiis civilibus vel publicis remotae sunt"*고 했습니다. 그래서 여성은 후견인tutor이 될 수도 없었습니다. 사법의 영역에서도 여성은 가문의 가장이 될 수 없으며 항상 '딸(가녀)'로서의 법적 지위만 가졌습니다. 결혼한 여성도 마찬가지였는데요. 남편의 지배(수권manus) 아래 있는 여자이기 때문에 오로지 딸의 법적 지위만 가질 수 있었습니다.

그 밖에 여성은 소추를 제기하거나 '타인을 위해 변론postulare pro aliis'할 자격이 없었습니다. 제3자를 위해 법정에 서는 것 자체를 금지한 것이지요.

노예에게는 상소권이 없었다는 이야기, 기억하시지요? 이는 로마사회에서 여성의 법적 지위가 거의 노예와 같았다는 것을 의미합니다.

게다가 기원전 169년 보코니우스법Lex voconia은 여성에게 유언할 자격마저도 제한했는데요. 이 법은 여성이 최대 20만 아스 이상의 큰 재산을 상속받을 수 없도록 규정해버렸습니다. 많은 재산을 상속받은 여성은 사치할 수 있다고 생각하여 그 권리마저 제한한 겁니다. 여기에는 가장의 재산권을 보호하려는 측면도 있었지만, "졸부 여성보다 더 견딜 수 없는 것은 없다Intolerabilius nihil est

* 『학설휘찬』 '다양한 옛 법규에 대하여De diversis regulis iuris antiqui'(ULP. l. 2 § D. de R.J. 50. 17).

quam femina dives"*는 식의 부유한 여성을 받아들이지 않는 옹졸하고 편협한 사고가 내재한 것이기도 했습니다.

이렇게 로마에서는 모든 사회적 제도와 여건이 여성의 인권과 복지에 턱없이 미흡했지만, 여성에 대한 판결만은 호의적인 면이 있었습니다.

"여성에 대한 판결은 좀더 가벼워야 한다. 그 이유는 여성은 성性의 연약함 때문에 덜 흉악하다고 믿기 때문이다. Mitior circa mulieres debet esse sententia, quas, pro infirmitate sexus, minus ausurae esse confidimus."**

혹시나 여성이 공격성이나 폭력성을 띠더라도 생물학적인 차이에서 오는 물리적인 힘이 남성보다는 약할 수밖에 없다는 인식에서 이런 결정을 내린 듯합니다.

또한 고대의 가족 형태가 사라져가는 원수정元首政, Principatus*** 기 초기에는 혼인에 관한 아우구스투스 입법으로 인해 여성은 유언상속인으로 지정될 자격이 없다는 원칙이 조금 완화되었고, 2세기 초반에는 실제적 의미를 상실했습니다. 2세기에 들어서면서 '가장'이라고 불렸던 '씨족장'의 권리가 점점 약해지기 시작했기 때문인데요. 이전만 해도 합법적 혈족관계란 남성 자손 혹은 아버

* 유베날리스Juvenalis, 『풍자시 모음Satires』(Juven. Sat. 6. 460).

** 『칙법전Codex』 '국사범죄에 관한 율리우스법에 관하여Ad legem iuliam maiestatis'(l. 5 § 3 C. ad leg. Jul. majest.).

*** 고대 로마에서 옥타비아누스에 의해 도입된 정치체제. 황제는 '원수'라 불렸고, 원로원에서 여러 가지 권한을 위탁받아 통치했다.

지 쪽 친가만을 가리키는 것이었으나, 이제는 모계 혈족도 함께 인정되면서 혼인관계 범위 그 이상을 넘어서게 되었습니다. 이는 1세기에 귀족들 사이에 내전이 일어나 로마의 엘리트층 남성 대부분이 목숨을 잃으면서 인구 분포가 달라지고, 사회 분위기가 바뀌어간 데 대한 반영이기도 했습니다.

공화정 말기부터는 아버지와 마찬가지로 어머니에게도 양육권이 주어지기 시작했습니다. 법무관의 고시는 어머니에게도 친권을 부여했는데요. 남편이 친권을 행사할 수 없을 경우, 보호 및 후견의 권한을 어머니에게도 주었습니다. 그래서 기원후 390년부터는 할머니와 어머니가 홀로 된 과부이고 다시 혼인하지 않겠다고 엄중하게 선서했다면, 그리고 유언 또는 법정 후견인이 없다면, 여성이 손자나 자녀들의 후견인이 되는 것을 허용했습니다.

그럼에도 본질적으로 로마의 가부장적 제도 아래에서 여성은 가부장권에 속하는 낮은 신분이었습니다. "많은 법률 조항에서 여성의 조건이 남성의 조건보다 더 나쁘다In multis juris articulis deterior est conditio foeminarum quam masculorum"*라는 기록을 통해 이를 확인할 수 있지요.

이 밖에도 아버지의 가장권 아래 속한 사람 중에서 여성은 자신

* 『학설휘찬』 '인간의 지위에 관하여De statu hominum'(D. 1. 5. 9 de statu hom.).

의 견해마저 표현할 수 없었고,* 혼외임신을 한 여성은 형벌 없이 남편이나 아버지(가장)에 의해 정부와 함께 살해되었습니다.** 이는 로마법상 집안의 명예를 더럽힌 자에 대한 합법적 살인으로 여겨졌는데요. 오늘날까지도 일부 이슬람권 국가에서는 '명예살인'이라고 불리는 이러한 끔찍한 살인이 발생하곤 하지요. 로마법에서도 시민권이 있는 남성은 여성의 생사여탈권까지 쥐고 흔들었습니다.

로마의 여성들이 어떻게 살았고 어떤 대우를 받았는지 차근차근 돌아보니 어떠신가요? 인류법의 기원이라는 로마법에서조차 여성들은 열외였고 제대로 보호받지 못했다는 사실에 가슴이 갑갑해지고 막막해지신 건 아닌지 모르겠습니다. 그러나 인류의 모든 과거사가 이렇게 여성들에게 박했던 것만은 아닙니다. 로마인보다 먼저 이탈리아반도에서 자리잡고 있던 에트루리아인들은 여성에 대한 생각도, 또 실천도 백팔십도 달랐답니다.

에트루리아인들은 고도의 금속 가공기술과 뛰어난 예술적 재능을 바탕으로 동방과 활발한 무역활동을 벌였습니다. 사람의 모습

* Cantarella, *Tacita muta, Le donne nella città antica*, Roma, 1985; Id., *L'ambiguo malanno, Condizione e immagine delle donne nell'antichità greca e romana*, Roma, 1985; Id., *Passato prossimo, Donne romane da Tacita a Sulpicia*, Milano, 1996.

** Cantarella, *Adulterio, omicidio legittimo e causa d'onore in diritto romano*, in *Studi Scherillo*, Milano, 1972, vol I, p.243.

을 한 신들을 숭배하는 종교를 가지고 있었으며, 여성에 대해 꽤 깊은 존경심을 드러냈지요. 에트루리아의 가정 안에서 부부는 법률적, 사회적으로 평등한 관계였고 남편과 아내는 서로 동지처럼 느끼며 상호 존중했습니다. 여성이 가사를 도맡아 하며 남편의 사교생활이나 사회생활을 뒷바라지하기만 하는 존재가 아니라, 오히려 '독특한 권리를 지닌 인격체'로 대접받았습니다. 한 가지 눈여겨볼 것은, 한국사회에서 양부모 성 함께 쓰기 운동을 하는 분들이 있지요? 에트루리아에서도 자녀의 이름을 지을 때, 양친의 이름을 모두 반영하는 문화가 있었다고 합니다.* 그 당시 다른 사회와는 달리 여성이 남편과 함께 나란히 앉아 식사했고요. 일부 가문은 모계 혈통을 가지고 있었는데, 가족묘를 보면 아내의 무덤이 남편의 무덤보다 훨씬 더 크고 좋은 자리에 있었다고 합니다.

이처럼 역사적으로 여성의 지위가 남성과 거의 동등하거나 우위에 있던 사회는 적지 않았습니다. 지금은 거의 사라졌으나 유럽뿐만 아니라 동서양의 오래된 기록 속엔 모계사회의 흔적이 꽤 눈에 띕니다. 베트남의 에데족이나 중국의 모수족 같은 몇몇 소수민족은 최근까지도 모계사회를 이어왔고요.

그러나 이런 여성 존중 문화와 전통은 싸움과 전쟁에 능한 로마인이 기원전 396년 에트루리아를 정복하면서부터 서서히 사라지

* 프리츠 M. 하이켈하임, 『하이켈하임 로마사』, 김덕수 옮김, 현대지성, 2017, 40쪽 참조.

기 시작했습니다. 로마시대의 많은 사상과 생활방식은 지금 돌아봐도 놀라울 정도로 진보적이고 합리적이고 우수하지만, 여성에 대한 시각만은 그렇지 못했습니다. 로마가 에트루리아의 페미니즘까지도 점령하고 잠식한 이후, 여성의 권리가 에트루리아 사회만큼 다시 회복되기까지는 인류 역사상 수십 세기를 다시 기다려야만 했습니다.*

로마인들의 퇴보적인 여성관은 그리스도교 신학에도 그대로 전달돼 가부장적인 신관과 신학을 형성하는 데 일조했습니다. 그리스도교의 신론이나 사제를 지칭하는 명사는 오직 남성명사만을 사용하게 되었고요. 또 그리스나 로마의 베스타 신전에서 봉사하던 여성 사제들은 모두 없어지고 종국에는 교회에 남성 사제만이 남게 되지요.

이런 남성 중심적인 사고의 한계는 사도 바오로의 가르침에도 등장합니다.

> 남자가 기도를 하거나 하느님의 말씀을 받아서 전할 때에 머리에 무엇을 쓰면 그것은 자기 머리, 곧 그리스도를 욕되게 하는 것입니다. 그러나 여자가 기도를 하거나 하느님의 말씀을 받아서 전할 때에 머리에 무엇을 쓰지 않으면 그것은 자기 머리, 곧 자기 남

* 한동일, 『법으로 읽는 유럽사』, 148쪽 참조.

> 편을 욕되게 하는 것입니다. 그것은 머리를 민 것이나 다름이 없습니다. 만일 여자가 머리에 아무것도 쓰지 않아도 된다면 머리를 깎아버려도 될 것입니다. 그러나 머리를 깎거나 미는 것이 여자에게는 부끄러운 일이니 무엇으로든지 머리를 가리십시오. 남자는 하느님의 모습과 영광을 지니고 있으니 머리를 가리지 말아야 합니다. 그러나 여자는 남자의 영광을 지니고 있을 뿐입니다. 여자에게서 남자가 창조된 것이 아니라 남자에게서 여자가 창조되었기 때문입니다.(고린토인들에게 보낸 첫째 편지 11장 4~9절)

이런 연유에서 천주교에서는 미사 때 수녀들이 머리에 두건을 쓰고, 여성 신자들은 '미사보'를 쓰는 전통이 생겨났습니다. '미사보'란 미사중에 머리 위에 쓰는 하얀 수건을 말하는데요. 한국 천주교회의 여성 신자들은 아직도 상당수가 미사보를 쓰지만, 유럽 교회에서는 요즘에는 미사보를 쓴 여성 신자를 찾아보기 어렵습니다. 여성의 머리를 무언가로 가릴지 말지에 대해서는 천주교의 미사보처럼 이슬람 세계에서도 '히잡'의 문제로 대두되고 있지요.

나아가 사도 바오로는 "여자들은 교회 집회에서 말할 권리가 없으니 말을 하지 마십시오. 율법에도 있듯이 여자들은 남자에게 복종해야 합니다. 알고 싶은 것이 있으면 집에 돌아가서 남편들에게 물어보도록 하십시오. 여자가 교회 집회에서 말하는 것은 자기에게 수치가 됩니다"(고린토인들에게 보낸 첫째 편지 14장 34~35절)

라고 했습니다. 성서나 로마법에 나타난 그 당시 가치관과 시대상이 그대로 투영되고 반영된 종교적 가르침과 법조문은 당대의 사고나 신념의 한계에서 크게 벗어나 있지 않음을 알 수 있지요.

그렇다면 교회에서조차 이렇게 노골적인 차별과 억압이 가해졌는데도 여성들이 계속 교회를 찾은 이유는 무엇일까요? 어쩌면 여성이 만만치 않은 자신의 삶을 헤쳐나가기 위한 수단이자 방편으로 신앙생활을 택했던 건 아닐까요? 비록 인간 사회는 시대적 한계 때문에 여성을 억압했지만, 신은 남성만을 사랑하지 않았습니다. 남성 여성을 구분하지 않고 두 성性을 아우르는 '인간'을 사랑하셨지요.

신 앞에서 여성은 여성이기 전에 '인간'으로 대접받았고 남성과 똑같은 사랑을 받았으며, 그 무언가를 청한다면 적어도 여성이기 때문에 열외가 되진 않을 거란 기대를 품을 수 있었습니다. 이런 믿음은 여성들에게 더할 나위 없는 위로와 희망이 되었을 것입니다. 그리스도교가 우리나라에 들어올 때, 신분의 높고 낮음이 엄격한 조선사회에서 무수한 핍박을 받아가면서도, 결국 부녀자와 신분이 낮은 계층 사이에서 빠르게 포교된 것도 이런 연유 때문이 아니었을까요?

Mulier familiae suae et caput et finis est.

물리에르 파밀리애 수애 에트 카푸트 에트 피니스 에스트.

"한 가정의 아내는
가정의 우두머리(근본)이자 끝이다."

_울피아누스

"여성이 쉽게 무고당하지 않도록, 그들에게 방어가 필요할 때 우리는 도우러 가야 한다"

보편적 가치와 전통이란 무엇일까요? 시대를 초월한 진리와 인간의 삶을 풍요롭게 하는 아름다움과 지혜가 녹아 있어 전승할 만한 가치가 있는 유무형의 유산을 가리키는 말일 겁니다. 인간에 대한 차별이나 억압은 보편적 가치라 할 수 없고, 계승할 가치가 있는 전통이라고 보기 어렵지요. 그렇기 때문에 성서나 법에서 드러나는 시대의 가치관과 보편적 진리는 반드시 구분해야만 합니다. 오늘날 "여성이 교회 집회에서 말하는 것은 자신에게 수치가 된다"고 한 사도 바오로의 말을 시대를 뛰어넘는 보편적 진리로 받아들이는 사람은 별로 없겠지요. 아무리 성인이 한 말이고 성서에 기록되어 있을지라도, 남녀 구별과 신분의 고하高下가 엄격했던 그 시대의 가치관이라고 생각해야 상식적인 일입니다. 시대상을 보는 안목과 역사의식을 지닌 비판적 읽기는 법과 종교를 막론하고 반드시 필요한 일입니다.

한편, 이런 문제 제기도 해볼 수 있겠지요. 로마의 법문이 여성을 열등한 존재로 규정하고 여러 차별적 규범으로 억압했더라도, 로마 여성의 일상적 삶이 꼭 법문과 같이 열등하고 비참했을까 하는 점입니다. 오늘날도 그렇지만 사실 법이 어떤 것을 규정하더라도 실제론 달리 돌아가는 것이 현실인지라, 슬며시 실제 로마 여성의 삶에 대한 사회학적인 궁금증이 꿈틀거립니다. 분명 로마의 여성은 공적 생활에 참여할 수 없었고 법적 지위도 없었습니다. 또 오늘날의 초등교육에 해당하는 교육 이외의 모든 고등교육에서 배제되었지요. 그러나 지배계층과 남자들이 정해놓은 틀 속에 갇혀 있으면서도 그 틀보다 훨씬 넓은 영역에서 자기 역할을 잘 수행해낸 여자들도 분명히 있었을 겁니다.

로마제국은 광범위한 영토를 가진 나라였습니다. 지역마다 관습이 달랐고 여자들이 경험할 수 있는 공적인 경험에도 꽤 차이가 있었지요. 특정한 곳의 여성은 다른 지방의 여성보다 외출이 자유롭고 옷을 입는 방식이 좀더 개방적일 수도 있고요. 아마도 여성에게 허용된 자유와 활동의 임계점은 같은 로마제국의 여성이라도 지역에 따라 조금씩 달랐을 겁니다.

로마의 모든 계급 중에서 평민 아내의 경제적 역할과 수입에 대해 이야기할 때 가장 인상적인 사실은, 그들 덕분에 비로소 보통의 가정이 온전히 돌아갔다는 점입니다. 그들의 일상은 여성들이 감당해야 할 일반적인 가사노동에서부터 때로는 복잡한 상거래에 이르기까지 다방면에 걸쳐 있었습니다. 비록 명확한 통계가 남아 있지는 않지만, 로마시대에 꽤 많은 여자들이 집 밖에서도 일했다는 것을 흩어진 기록에서나마 찾아낼 수 있습니다.

평민 여성은 자신의 삶과 가정에서 핵심적인 역할을 맡았고, 집 밖에서도 법이 그어놓은 분명한 한계선을 넘나들며 적극적인 활동을 펼쳤습니다. 지배계층의 여성들은 다소 여유 있게 가정생활만을 누릴 수도 있었겠지만, 평민 여성은 집안에서 아무것도 안 하고 보호만 받을 여유가 없었습니다. 그들은 강한 생활력으로 가정경제에 보탬이 되기 위해 분투했고, 자녀의 사회화 과정에도 참여했으며, 남편과의 관계에서도 적극적인 피드백과 액션을 취했습니다. 이 모든 것이 남성의 지배력이 압도하는 문화 속에서 이루어졌지만, 여성들은 강인하고 끈기 있게 자신의 행동이 더 큰 범위까지 미치도록 노력해왔습니다.*

어쩌면 이런 현실 앞에서 로마법은 항변하고 싶을지 모르겠습니

* 로버트 냅, 『99%의 로마인은 어떻게 살았을까』, 147쪽 참조.

다. 여성들의 삶이 그토록 고달프고 가혹했으며, 법이 훌륭한 평민 여성들을 지원하지 못했던 시대라 할지라도 이런 주옥같은 법문은 있었다고요. 파울루스의 법문에는 다음과 같은 조항이 있습니다.

"여성이 쉽게 무고당하지 않도록, 그들에게 방어가 필요할 때 도우러 가야 한다."*

최근 한국뿐만 아니라 전 세계의 사회, 문화계를 강타한 여성운동이 있지요. 바로 '미투Me too'입니다. 그러나 들불처럼 번져갔던 '미투' 이후 많은 피해여성들이 가해남성들의 무고와 명예훼손 소송에 시달렸고, 우울증과 손해배상에 부대끼며 '미투 이후의 삶'을 견뎌야 했습니다. 로마시대는 분명 여성에게 엄혹했던 시절이었습니다. 그러나 그 가운데서도 여성이 그 어떤 경우에도 손쉽게 무고당하지 않도록, 그들이 스스로를 방어할 수 있도록 도우러 나서야 한다는 법문은, 우리를 다시 생각에 잠기게 합니다.

로마의 법률 격언 가운데는 이런 말도 있었습니다.

"우리는 이익을 위해 여성을 보살피는 것이 아니라, 여성이 손해를 겪지 않고 그들의 물건을 사기로 빼앗기지 않도록 돌본다.Non pro lucro fovemus mulieres, sed ne damnum patiantur suisque rebus defraudentur, curamus."**

* 『학설휘찬』 '다양한 옛 법규에 대하여'(PAU. l. 110 § 4 D. de R. J. 50, 17).

** 『칙법전』 '물건이 입질된 경우의 더 강한 채권자들Qui potiores in pignore habeantur'(l. 12 § 2 C. qui pot. in pign. 8, 18).

더불어 “여자나 남자나 다 같이 상대방에게 서로 속해 있습니다”(고린토인들에게 보낸 첫째 편지 11장 11절)라는 사도 바오로의 말도 가슴에 담아봅니다.

로마에서 오늘날에 이르기까지 역사는 조금씩 진보해왔으나, 그 속에서도 여성들의 삶은 참 더디 변해왔다는 점을 실감합니다. 로마 평민 여성의 삶이나 한국의 격변기를 살아낸 우리 어머니 세대의 삶, 또 오늘날 여성의 삶까지를 관통하는 큰 줄기가 보입니다. ‘도맡은 집안일’과 ‘병행하는 바깥일’로 고달픈 삶. 그럼에도 어릴 적 저의 어머니는 하루종일 도라지를 까서 물에 씻고 그걸 다시 면도칼로 깔끔하게 다듬어, 이른 새벽이면 도라지 한 뭉텅이를 머리에 이고 가서 시장에 내다파셨습니다. 혹여 아들의 등교가 늦을까봐 무거운 짐을 다시 머리에 이고 종종걸음으로 집에 돌아와 아침밥을 짓고 도시락을 싸주셨던 모습이 아직도 선명하게 떠오릅니다.

오늘날에는 일하는 기혼여성이 훨씬 더 많아졌지만, 종일 일하고 집에 돌아와 육아와 가사의 책임까지 여성이 홀로 감당하는 분위기는 좀처럼 쉽게 개선되지 않고 있습니다. ‘원래 그런 것’ ‘이렇게 해야만 하는 것’이란 없습니다. 가사와 육아는 ‘본디 여성의 것’이라고 믿는 사람들이 아직도 있지만, 법도, 사회도, 제도도 시간이 흐르고 역사가 진보하며 바뀌어왔습니다. 하물며 어제의 ‘나’

와 오늘의 '나'도 같지 않을진대, 세상에 절대적인 것이란 없으며 인간의 역할과 의무에 대해서는 더욱 그러합니다. 지금 이 순간에도 우리는 변해가고 있습니다. 실제로 최고의 원칙은 원칙 자체에 있지 않을 것입니다.Summum principium non est principium absolute.

남자든 여자든 어느 한쪽 성만의 특성과 특권으로 조화롭게 완성된 삶을 살기는 어렵습니다. 우리는 서로를 돕고 보완해가며 살아야 하는 불완전한 인간일 뿐입니다. 혹시 제가 앞서 언급한 사도 바오로의 말—남성은 여성에게, 또 여성은 남성에게 '속해 있다'는 말을 '예속되어 있다' '매여 있다'라는 일차원적인 의미로 해석하는 분은 없으시겠지요. 여기서 '속해 있다'는 것은 한쪽이 다른 한쪽을 지배하거나 점령한다는 의미가 아닙니다. '속해 있다'는 건 나의 본질이 그에게서 비롯되었으며, 나 또한 그의 본질에 영향을 미치면서 서로 교통交通한다는 의미일 것입니다.

여성에 대한 차별적 시선과 여권女權에 대한 인식은 인류의 역사에서 참으로 더디게 변화해왔습니다. 여성의 참정권이 실현된 게 불과 100여 년 전의 일이니까요. 문명과 기술의 눈부신 발전과 진보를 이루어낸 장구한 역사를 거슬러 생각하면 100년이란 참으로 가까운 과거입니다.

19세기 후반에서 20세기 초반 영미권에서 여성 참정권을 위해 싸우던 활동가들인 '서프러제트Suffragette'는 그 당시에는 도저히 용인할 수 없는 과격한 방법으로 참정권 쟁취를 위해 투쟁했습니다. 세금 납부를 거부하고 상점 유리창 깨기, 유명 정치인의 집에 불지르기 등 급진적인 행동을 서슴지 않았습니다. 1913년 영국의 여성 운동가 에밀리 데이비슨Emily Davison은 국왕 조지 5세의 경주마가 결승점으로 질주하던 순간 몸을 던져 사망했습니다. 옥스퍼드대학 출신의 중산층 엘리트였던 데이비슨은 자신의 목숨을 희생하면서까지 여성 참정권 쟁취를 절박하게 호소했던 것입니다.

1914년 제1차세계대전이 일어나기 전까지 투옥된 여성 참정권 운동가는 약 1천 명에 이르렀다고 합니다. 1918년 2월 6일 영국 의회에서 21세 이상의 모든 남성과 일정 자격을 갖춘 30세 이상 여성에게 참정권을 부여한 국민대표법Representation of the People Act 1918이 통과됐지만, 모든 성인 여성의 참정권을 인정하기까지는 그로부터 다시 10년이라는 세월이 더 필요했습니다.

지금 우리 사회도 그 어느 때보다 여성들의 목소리가 점점 거세지고 있습니다. 자본주의는 여성에 대한 차별적 시선, 여성 활동 영역의 제한, 여성 노동 가치의 평가절하 등으로 오랫동안 여성을 억압해왔고, 지금도 그 잔재는 남아 있습니다. 그러나 그 속에서도 여성들은 어떤 식으로든 연대하고 목소리를 냅니다. 주장하는 바가 논리적이든 아니든, 주장하는 바를 설득하는 행동이 올바른 방법이든 부적절한 방법이든 때가 되면 교통정리가 될 것이라고 믿습니다. 지금 페미니즘을 둘러싼 일련의 갈등은 중요한 사회적 합의를 이루어가는 과정에서 이른바 '합의통合意痛'을 앓고 있는 것이겠지요. 목소리를 높이거나 다투는 것 자체는 전혀 잘못된 일이 아니지만, 이렇게 다투는 목적이 무엇인지 부디 다 같이 잊지 않기를 바랍니다. 그렇게 치열하고 현명하게 다투고 다투어, 마침내 우리 세대의 여권(그리고 인권)이 한 걸음 더 나아간 곳에 이르기를 희망합니다.

저는 아내가 없습니다.
당신에겐 누나나 여동생은 없어도 아내가 있을 수 있습니다.
그리고 나와 당신, 우리 모두에겐 어머니가 있습니다.
세상에 그 누구도 어머니 없이 이 세상에 올 수는 없습니다.
모든 여성이 어머니가 되진 않지만, 세상의 어머니는 모두 여성입니다.

여성의 삶의 조건이 좋아지는 것이 비단 여성에게만 좋은 일일까요? 우리는 모두 여성의 삶에 뿌리내려 태어났고 또 살아가고 있습니다.

Mulieribus tunc succurrendum est,
cum defendantur, non ut facilius calumnientur.
물리에리부스 툰크 수쿠렌둠 에스트,
쿰 데펜단투르, 논 우트 파칠리우스 칼룸니엔투르.

"여성이 쉽게 무고당하지 않도록,
그들에게 방어가 필요할 때
도우러 가야 한다." _파울루스

"결혼은 골칫거리를 낳는다는 사실을 우리 모두가 알고 있습니다"

라틴어에서 '마트리모니움matrimonium'이란 단어는 '어머니의matris'와 '책임munus'의 합성어로 '어머니의 책임'을 뜻합니다. 가정생활에서 여성의 모성애적 역할을 강조한 것이지요.* 또한 '부부, 결혼, 결혼생활'이라는 뜻을 가진 고전적인 용어인 '코니우지움coniugium'은 "합법적인 아내는 남편과 함께 하나의 멍에로 졸라맨다Coniungendo, quod legittima mulier cum viro quasi uno iugo ad stringatur"라는 의미에서 '짝지어 멍에 맨coniungendo'이라는 단어에서 온 것입

* Bernardi Papiensis, *Summa Decret.*, 1, 4, tit. I, 4; Gregorii IX, c. 2, X, 3, 33.

니다. '혼인, 결혼'이라는 뜻을 지닌 '콘누비움connubium'과 '눕티애nuptiae'라는 말은 '베일로 얼굴을 가리다, 덮다'라는 의미의 동사 '누베레nubere'에서 유래한 것이고요.* 훗날 라틴어에서 남성은 '아내를 맞다, 장가가다ducere uxorem'라는 관용어를 쓰고, 여성은 오직 '시집가다, ~와 결혼하다nubere alicui, nubere cum aliquo'라는 관용어를 사용하게 됩니다.**

결혼생활은 남녀 간(혼인), 또 부모와 자녀 사이(가정)에서 전적으로 상호 공동생활에 기초하며, 맨 처음 만들어진 사회·법률 제도라는 역사적 의미가 있습니다. 모든 인간 공동체의 기초 단위가 바로 결혼에서 시작되지요. 결혼제도는 민족의 역사보다 더 오래된 것으로 자연적, 합리적인 필요성에 순응합니다. 이러한 맥락 때문에 혼인은 처음부터 거룩하고 종교적인 성격을 띠고 나타났습니다.*** 그래서 "인간사 가운데 혼인보다 더 경의를 표할 것은 없다Nihil in rebus mortalium perinde venerandum est atque matrimonium"**** 는 말도 있지요. 또 키케로는 "최초의 사회는 그 자체로 결혼에 있다Prima societas in ipso coniugio est"***** 고 말했습니다.

---

* Decret. Gratiani, c. 8, C.30, q.5.

** 한동일, 『카르페 라틴어 2: 라틴어 구문론』, 문예림, 2014, 177쪽 참조.

*** 살바도르·데 파올리스·길란다 외, 『교회법률 용어사전』, 한동일 옮김, 가톨릭출판사, 2017, 1031~1032쪽 참조.

**** 『신칙령모음집Novellae』(NOV. 140 in praef.).

***** 키케로, 『의무론De Officiis』(CIC. off. 1. 17).

그러면 사람들은 왜 결혼을 하는 걸까요? 일단 경제적인 이유가 클 것입니다. 로마시대에는 혼인할 때 아내가 가져오는 혼인지참금을 통해 가정경제를 튼튼히 다졌습니다. 부부 사이에 적법한 아이를 낳아 재산을 상속해준다는 것은 다음 세대 아이들을 통해 국가의 영속을 보장해주는 효과도 있었을 테고요. 그래서 국가와 교회는 늘 결혼과 출산을 강조했지요. 로마시대와 그뒤에 나타난 로마가톨릭교회는 결혼과 가정을 통해 건강한 사회 구성원을 양성하고 이를 통해 국가와 교회의 존속을 도모하고자 했을 겁니다.

로마법에서 결혼의 목적은 '적출자녀의 생산Liberorum quaerendorum causa'이었습니다. 로마가톨릭교회의 1917년 교회법 제1013조 제1항을 보면 그때까지도 이런 정의는 달라지지 않았습니다. "혼인의 제일목적은 자녀의 출산과 양육이다Matrimonii finis primarius est procreatio atque educatio prolis"라고 명시되어 있으니까요.

로마의 정치가들도 지속적으로 시민들에게 '시민의 본분'을 다해 아이를 낳으라 독려했고, 미래의 시민과 노동력을 안정적으로 확보하고자 했습니다. 하지만 기원전 100년경 한 감찰관은 어느 시민모임에서 "그래도 우리는 시민 정신에 따라 결혼해야만 합니다"라고 말했다고 합니다. 이는 그때 이미 많은 로마인이 혼인의 의무를 다해야 할지 말아야 할지 고민하고 있었다는 하나의 증거로 볼 수 있겠지요.

로마인들은 혼인을 필수적인 것으로 간주하지 않았고, 함께 생각해볼 문제로 여겨 공개적으로 논의했습니다. 꼭 결혼을 해야 하나 하는 의문이 로마인들 사이에 팽배했고 독신에 대한 의지도 커져갔다고 해요. 훗날 아우구스투스 황제가 시민들이 결혼하도록 압력을 넣을 수 있는 특별법을 반포했다는 것 자체가 이미 당시에 결혼하지 않는 이들이 상당했다는 반증일 것입니다.* 아우구스투스 입법은 결혼하지 않은 사람이나 무자녀 기혼자에게 불이익을 주었고, 재혼은 적극적으로 장려했습니다. 원수정기, 특히 아우구스투스 황제와 이후의 황제들은 결혼을 장려하거나 제한하는 다양한 규범으로 시민들의 결혼에 개입했습니다.

특히 기원전 18년 '혼인계층에 관한 율리우스법Lex Iulia de maritandis ordinibus'과 기원후 9년 아우구스투스의 '파피우스 포파이우스법Lex Papia Poppoea nuptialis'을 기억해야 합니다. 이 법률들에서는 25세와 60세 사이의 모든 남성과 20세와 50세 사이의 모든 여성은 의무적으로 결혼할 것을 규정했습니다. 이 규정을 지키지 않는 독신자coelibes나, 혼인은 했지만 자녀가 없는 부부를 가리키는 '오르비orbi'에겐 유언에 따른 상속권을 제한하거나 세금의 성격인 공적 부담을 지게 했습니다. 이 법률들은 콘스탄티누스 황제 때에 와서야 현격하게 완화되어 미혼자나 독신자, 무자녀 부부의 상속권을 되돌려주었고, 유스티니아누스 황제 때는 이 두 법률을 완전히 폐

* 필립 아리에스·조르주 뒤비 책임편집, 『사생활의 역사 1—로마 제국부터 천 년까지』, 92쪽 참조.

지하게 되지요.*

로마법상으로 결혼의 정의는 세기를 거치면서 일부 변경되고 보완되기는 했지만, 세 가지 본질적인 원칙에는 큰 변함이 없었습니다. 그리고 이 원칙은 대부분의 현대 민주사회 가족법에서 공통적으로 채택하고 있는 내용이기도 합니다.

결혼의 첫번째 원칙은 '일부일처제monogamia'입니다. 로마에서는 그 어떠한 시기에도 남편이 둘이나 그 이상의 여성을 아내로 맞을 수 없었습니다. 다시 말해 '그리스 여성의 세 가지 구분'을 로마법은 채택하지 않았습니다. '그리스 여성의 세 가지 구분'이 뭐냐고요? 이것은 그리스에서 철저히 남성의 필요에 따라 여성을 세 가지로 분류한 구분법이었습니다. 유흥을 위한 정부hetaerae, 첩인 여자 노예, 적출을 생산하고 가정을 돌보기 위한 처, 즉 아내로 구분했지요. '그리스 여성의 세 가지 구분'에 대해서는 이런 기록도 남아 있습니다.

"우리는 정욕 때문에 기생과 어울리고, 매일 육신을 치유하기 위해 첩을 두지만, 부인은 자식을 적법하게 낳고 가정에 신실한 수호자를 두기 위한 사람이다.τὰς μὲν γὰρ ἑταίρας ἡδονῆς ἕνεκ' ἔχομεν, τάς δὲ παλλακὰς τῆς καθ' ἡμέραν θεραπείας τοῦ σώματος, τὰς δὲ

* Cfr. F. del Giudice, op. cit., p.341.

γυναῖκας τοῦ παιδοποιεῖσθαι γνησίως καὶ τῶν ἔνδον φύλακα πιστ ὴν ἔχειν."*

로마에서 결혼은 '남편의 집으로 인도deductio in domum mariti'되어 함께 시작하는 공동생활이었습니다. 신부를 어미 품에서 떼어내 신랑의 집으로 데려가는 절차로부터 결혼이 시작되었지요. 이 과정을 묘사해보자면 행렬 선두에는 다섯 명의 횃불 든 길라잡이들이 서서 길을 열고, 그 뒤를 피리 연주자들이 따라갔습니다. 길을 걸을 때 이들은 아주 신나고 경쾌한 노래를 불렀겠지요. 신랑의 집에 가까워지면 일행은 동네 아이들을 부르며 호두알들을 공중으로 던졌습니다. 이 호두들은 신부의 유년 시절을 추억하는 것으로 호두가 길바닥에 떨어질 때 나는 소리로 신부의 다산과 행복을 축원했습니다.

이윽고 동네에 다다르면 신랑 친구 세 명이 길 안내를 위해 먼저 앞서갔는데요. 그중 한 명은 '프로누부스pronubus'라고 부르는 '남자 들러리'로서 산사나무를 촘촘하게 엮어 만든 결혼 횃불을 흔들며 맨 앞에 걸어가고, 나머지 두 명의 신랑 들러리는 신부를 들어올려 발이 땅에 닿지 않게 조심하면서 신혼방의 문지방을 넘었습니다. 신랑의 친구들이 신부의 집으로 함께 몰려가는 건 우리나라 전통의 '함진아비' 문화와도 사뭇 비슷하지요?

* Fritz Schulz, *Principles of Roman Law*, Oxford University Press, 1956, p.195.

신혼방은 하얀 벽걸이 천과 갓 돋아난 푸릇푸릇한 잎들로 꾸몄는데요. 신혼방에는 신부 친구 세 명이 신부를 뒤따라 들어가는 풍습이 있었습니다. 신부 친구 중 한 명은 물레 씨아를 들고 다른 한 명은 물레 방추를 들었다고 해요. 이는 모두 여자의 미덕과 집안일을 상징하는 물건들이었지요.*

신랑이 신부에게 물과 불을 건네면 신부의 들러리 중 세번째 친구인 '프로누바pronuba'가 신부를 침대까지 안내합니다. 그러면 신랑은 침대 위에 신부를 앉히고 '팔라palla'를 벗긴 후 허리끈의 매듭을 풀 준비를 했는데요. '팔라'란 고대 로마의 길고 넓은 부인용 망토, 곧 외투랍니다. 그러면 신혼방에 있던 신부의 들러리들은 모두 뒤로 물러나 숨죽인 채 바라보았다고 하네요. 신랑 신부의 첫날밤에 이토록 많은 이들이 동원되고 그만큼 열렬한 축하를 보낸 것은 로마에서도 '결혼'이 그만큼 신성한 의식이었고, 일부일처제의 원칙에 따라 단 한 번만 허용되기 때문이었을 겁니다.

로마인의 결혼 두번째 원칙은 '부부간의 합의'였습니다. 유효한 혼인의 법적 요건은 '통혼권'과 당사자들 간의 합의였습니다. 이 원칙에 따라 "합의가 결혼을 만든다Consensus facit nuptias"(D. 50. 17. 30) 즉 "동거가 아니라 합의가 결혼을 만든다Nuptias non concubitus,

* 제롬 카르코피노, 『고대 로마의 일상생활』, 177~178쪽 참조.

sed consensus facit"* 라는 법언이 생기게 됩니다. 그렇기 때문에 "결혼은 체결을 원치 않는 사람들 사이에서는 성립할 수 없다matrimonium (…) inter invitos non contrahitur"(D. 23. 2. 22)고 규정하게 되지요.

그러나 혼인은 이 법문처럼 두 사람의 합의만 있다고 해서 되는 일은 또 아니었습니다. 오늘날에도 실질적이고 합법적인 결혼이 되려면 두 사람이 합의하는 것만으로는 불가능하지요. 성인과 미성년자가 서로 합의했다 해도 결혼할 수는 없는 것처럼, 로마법에서도 결혼이 가능하려면 법적으로 결혼할 권한이 있어야 했습니다. 이것을 바로 '통혼권'이라 하는데요. 법률상으로 혼인계약을 체결할 수 있는 자격을 말합니다.

상고시대 통혼권은 오직 같은 계급에 속한 사람들 사이에서 주어졌습니다. 고전시대에는 모든 로마시민 간, 그리고 로마시민과 라틴인 간에 결혼할 수 있었습니다. 기원전 445년 카눌레이우스법Lex Canuleia은 귀족과 평민 사이의 금혼령을 폐지했습니다. 그리고 기원후 212년 안토니니아누스 칙법Constitutio Antoniniana은 통혼권을 축소시켜 로마시민은 제국의 거의 모든 시민과 혼인할 수 있게 허용했습니다. 그후에는 일반적 또는 특별 허가조치에 따라 외국 시민들로까지 결혼할 수 있는 대상이 확대되었고요.

결론적으로 로마법에서 말하는 통혼권 '유스 코누비이Ius conubii'

* 『학설휘찬』, '다양한 옛 법규에 대하여'(ULP. l. 30 § D. de R. J. 50. 17).

는 당사자들끼리의 유효한 혼인요건이었습니다. 이에 더해 혼인할 사람이 아버지의 권한 아래에 있다면 가장의 동의가 반드시 필요했습니다. 스스로 권한이 있는 자권자라도 여성일 경우는 후견인의 동의가 필요했고요. 반면 미성숙자와 정신이상자는 아예 혼인 능력이 없다고 보았습니다. 로마에서 남자는 14세, 여자는 12세만 되어도 결혼할 수 있었지만 로마법상 만 25세 미만은 미성숙자로서 '미성년'으로 규정했고, 그들에게는 자발적으로 법률생활에 개입하는 것이 금지되었습니다.* 법적 능력을 부여하는 로마인의 성년maior aetas은 만 25세에 주어졌습니다. 이렇게 성년의 기준이 높은데도 로마에서 조혼을 권장했던 이유는 유아와 젊은이의 사망률이 높았던 사회적 분위기 때문이었습니다.

로마인들의 결혼 세번째 원칙은 '이족異族 간의 혼인'만을 인정했다는 것입니다. 즉 혈족관계에 있는 사람 사이의 혼인을 금지하는 것은 물론이고, 입양관계나 인척관계에 놓인 사람들 간의 혼인도 제한적인 부분이 있었습니다. 오늘날에는 없어졌지만 우리나라에도 한때 동성동본 금혼법이 있었던 것과 비슷하지요. 로마에서는 인척 사이면서 혼인했을 경우 이 혼인은 무효로 돌아갔고, 심지어 혈족 간의 성적 결합이 있었을 땐 근친상간의 벌을 받아야

* 한동일, 『라틴어 수업』, 179쪽 참조.

했습니다.

근친상간은 아주 오래된 풍속에 따라 생리적, 윤리적, 사회적인 이유에서 종교적 제재로 금지해왔습니다. 후대의 입법은 '가까운 혈족과의 혼인nuptiae incestae'만을 금지하고, 혼외 성적 결합은 별도로 고려하지 않았지요. 그런 결합은 그저 간음죄stuprum나 간통죄adulterium로 처벌받을 뿐이었습니다. '만민법상의 근친상간incestus iuris gentium'은 직계 존비속 간의 상간, 즉 남녀가 도리를 어기고 사사로이 정을 통하는 것을 철저히 금지했습니다. 혈족끼리의 근친상간은 그 대상 범위와 혼인 금지에 따른 처벌의 수위가 시대에 따라 변천이 있었지만, 원칙적으로 "관습상 혼인이 금지된 여성과 혼인한 남자는 근친상간을 범한 것Si quis ex his, quas moribus prohibemur uxores ducere, incestum dicitur committere"(D. 23. 2. 39. 1)으로 여겼습니다.

근친상간 외에도 법으로 금지한 결혼은 그 밖에도 다양했습니다. 우선 기원전 18년 '혼인계층에 관한 율리우스법'과 기원후 9년 아우구스투스의 '파피우스 포파이우스법'은 혼인과 관련된 제반 문제를 규정했습니다. 이 법은 태생적 자유인 남성과 행실이 불량한 여성, 간통죄로 유죄판결을 받은 여성 간의 혼인을 원천 금지했습니다. 이 규정을 어기고 결혼한 사람들은 배우자의 상속권을 얻을 수 없었고요.

이 법률의 목적은 공화정 말기의 도덕성 및 가정생활의 몰락을 막고 혼인과 출산을 장려하려는 취지였습니다. 그래서 기혼자와 부모들에게는 다양한 특권이 부여되었던 반면, 독신자와 무자녀 부부에게는 경제적, 사회적 불이익이 따랐습니다. 이런 정책은 얼핏 우리나라의 출산장려정책을 떠오르게도 하지요. 우리나라에서도 1인 가구, 싱글 세대주는 세금공제 혜택을 덜 받음으로써 좀더 많은 세금을 내게 되고, 주택청약을 비롯한 여러 법률적, 제도적 혜택에서도 소외되고 있으니까요.

근래 우리나라 젊은이들 사이에서도 결혼에 대한 인식이 달라지고 있습니다. 결혼을 인생살이에 필수적인 조건으로 생각하지 않는 것은 물론이고, 언젠가 결혼하겠다고 생각하는 사람이라도 '결혼적령기'에 그다지 얽매이지 않지요. 결혼식에 대한 의미 부여도 과거와 달리 느슨해졌고 결혼해도 출산은 하지 않기로 결정하는 부부도 많아졌습니다. 고대 로마인들도 결혼을 필수로 여기지 않았고, 두고두고 생각해볼 문제로 열어놓고 공개적으로 논의했습니다.

오늘날 비혼의 증가와 혼인에 대한 인식 변화는 결혼이 법률로든, 혹은 윤리로든 강제할 수 없는 내밀하고 사적인 영역에 속한다는 것을 보여줍니다. 이기주의가 아닌 개인주의 시대에 자기 삶의 질을 높이는 활동에 집중하고 싶은 개인의 욕구도 더욱 커지고 있고요. 이런 현실 속에서 국가와 교회가 결혼을 어떻게 정의하고, 그것을 얼마나 권장하려 하든 간에, 현대 민주사회를 살아가는 사람들에게 억지로 결혼을 강제할 순 없게 되었습니다.

하지만 사회의 어른들이 이런 시도를 해볼 수는 있으리라 생각합니다. 독신을 생존과 자기보호의 수단으로 결정한 이들에게 둘이나 셋 이상이 모여 사는 것도 꽤 괜찮은 삶의 방식이라고 여러 가지 희망적인 선택지를 보여주는 것이죠. 그러기 위해서는 결혼의 연을 맺고 싶은 연인이 있어도 경제적으로나 정서적으로 지금보다 더 나은 미래를 기대할 수 없어서, 또 서로에게 고통을 주는 관계에 빠질까 두려워서 결혼하지 않는 젊은이들을 실질적으로 도울 길을 찾아야만 합니다. 지금 우리는 근본적인 질문부터 던져야 합니다.

우리 사회는 결혼이 고통이라고 생각하는 청년들에게 어떤 경제적, 정서적 지지를 제공하고 있나요? '한 아이를 기르려면 온 마을이 필요하다'는 말이 있지요. 과연 우리 사회는 아이를 낳아 기르고 교육하기 좋은 사회일까요? 문밖을 나가면 진정한 어른들을 만날 수 있는 사회인가요?

Societas principalis est in matrimonio.
소치에타스 프린치팔리스 에스트 인 마트리모니오.

"최초의 사회는
결혼생활에 있다."

"남편이 아내를 버려도 좋습니까?"

인간의 내면을 깊숙이 들여다보면 더 거룩하거나 더 천박한 인간이란 존재하지 않습니다. 로마인들도 본래 다른 민족들보다 특별히 더 자유분방하거나 더 타락하지 않았습니다. 다만 기원전 2세기부터 그리스 및 중동 지역에서 군대가 정복전쟁을 하면서부터 변화의 조짐이 보이기 시작했습니다. 로마에 그리스의 관습이 들어오면서 로마인은 새로운 성性에 눈을 뜨게 되었지요. 그리스에서 동성애 문화가 유입되었고, 이런 성풍속이 널리 퍼져나갑니다. 여성들 역시 이제까지와 달리 매우 독립적인 위치를 갖게 되었고요. 가부장적인 문화에서 출발한 로마는 수 세기 동안 여성에게 재산, 부동산, 현금에 대한 이론상의 상속권만을 인정했을 뿐 실제로는 아버지나 남편 같은 남성들이 여성의 재산을 관리했는데요. 이런 상황을 뒤엎는 역사적인 사건들이 바로 기원전 1세기부터 일어나기 시작했습니다.

기원전 275년에서 기원전 132년 사이에 지중해 전역에서 일어난 전쟁에서 로마의 귀족 엘리트들은 공화국을 승리로 이끌었습니다. 그들은 자신들과 로마 전체에 놀랄 만한 부富를 창출했지만, 그 과정에서 상당한 대가를 치러야만 했습니다. 그 대가란 자신들의 정복전쟁을 정당화하기 위한 이론적 토대를 마련하는 데서부터 시작해, 부와 권력이 주어지는 관직을 놓고 귀족 가문들 사이에서 치열한 경쟁을 벌여야 하는 것이었습니다. 그들은 서로를 파멸시켰고, 탐욕과 이기심에 눈이 멀어 제국의 영토가 커질수록 사회적으로, 그리고 경제적으로 요구되는 귀족으로서의 의무와 규범을 무시했습니다. 이런 내전중에 로마 엘리트 계층의 남성들이 대부분 목숨을 잃었지요. 그리고 이들의 돈과 재산은 루키우스 술라나 율리우스 캐사르(카이사르)와 같은 소수의 부도덕한 독재자의 손아귀에 들어가고야 만다는 현실을 원로원 의원들이 알게 되었습니다. 또한 수많은 남성들이 부질없이 목숨을 잃는 상황 속에서 오히려 여성들이 현실에 눈뜨는 계기를 맞게 되지요.*

* 알베르토 안젤라, 『고대 로마인의 24시간』, 365~366쪽 참조.

2세기에 들어서면서부터 로마 여성들의 권리와 주변 환경은 급변하기 시작합니다. 여성을 남편의 완벽한 소유물처럼 취급하던 전통적인 결혼관계부터 달라졌지요. 과거처럼 여성이 남편의 지배 아래 있는 것이 아니라, 부친의 경제적 영향력 아래에 있으면서 남녀가 결합하는 '부권 없는 혼인matrimonium sine manu'인 자유혼이 널리 퍼졌습니다. 그리고 아버지가 죽으면 여성(딸)은 자동으로 영지와 금전을 상속받아 경제적 독립과 힘을 얻었지요. 이혼도 훨씬 더 쉬워졌고요.

이혼은 라틴어로 '디보르티움divortium' 또는 '레푸디움repudium'이라고 합니다. 이혼하려는 배우자는 이혼을 일방적으로 통고했습니다. 이런 행동은 아내가 아니라 주로 남편이 했는데, '레푸디움'이 바로 아내를 내쫓는 '소박'의 개념이었습니다. 이혼은 보통 7명의 증인이 서명한 편지를 통해 이루어지거나 직접 또는 사자使者를 통해 간접적으로 통고했습니다. 이혼을 통보할 권한은 원래 남편만 가지고 있었으나, 훗날에는 여성도 얼마든지 이혼할 권한이 있었지요.

로마에서 이혼한 여성은 리베르타liberta(해방된 여성이라는 뜻)라고 불렀는데, 이들에겐 제약이 있었습니다. 쉽게 말해 남편이 먼저 이혼하자고 해서 해방된 여성은 재혼할 수 없었습니다. 결혼은 부부의 항구한 의사에 기초를 두기 때문에 로마에서는 단순히 부부애가 덜하다거나 성격이 안 맞는다는 이유만으로는 이혼할 수 없었어요. 이혼은 배우자 쌍방의 합의나 일방의 의사에 의한 공동생활의 확정적 중단에 따라 배우자 간에 혼인의사가 더이상 없다고 인정될 때 비로소 이루어졌습니다. 그래서 혹여나 아내가 뒤늦게 '불타는 사랑'을 만나 일시적으로 남편과 공동생활을 하지 않았다고 해도 이혼이 인정되지 않았습니다.

이혼한 여성 리베르타에겐 또하나의 제약이 더 있었습니다. 이혼하거나 배우자가 사망하여 혼인관계가 해소되면 로마인들은 재혼을 할 수도 있었는데요. 남자는 특별한 제한이 없었지만 여자는 10개월(후에는 1년)이라는 '복상기간tempus lugendi'이 지나야만 재혼할 수 있었습니다. 여성에게 복상기간을 둔 이유는 단순히 전남편에 대한 애도나 예우 차원에서가 아니라, 재혼 후 임신한 아이의 아버지가 누구인지 혼란을 없애기 위한 생물학적인 고려 때문이었습니다. 이 복상기간은 처음에는 사별한 여성만 지키면 됐지만, 후엔 이혼한 여성도 철저히 지켜야 했답니다.

공화정기에는 사소한 이유도 합당한 이혼 사유로 인정되었습니다. 그러나 그리스도교의 출현과 함께 이혼에 반대하는 경향이 보급되자 이혼의 '정당한 사유iustae causae'에 대한 기준이 세워지기 시작했습니다. 아내는 남편이 살인이나 무덤 훼손의 범죄를 저질렀을 때, 또는 죄수인 경우에 이혼 사유로 인정됐고, 남편은 아내가 간통, 뚜쟁이, 죄수로 고발되었을 경우에 이혼할 수 있었습니다. 이를 제외하고 일방적으로 이혼을 통고하는 사람은 엄하게 처벌받았는데요. 반면 부부간의 쌍방 합의에 의한 이혼에는 아무런 제약이 없었습니다.

원수정기에 이르면 유스티니아누스 황제는 일방적으로 통고하는 이혼에서도 정당한 이혼 사유의 범위를 확대하기 시작합니다. 가령 아내가 남편의 동의 없이 연회에 가거나 외간남자와 목욕하거나 공연을 보러 가는 경우, 남편은 바로 이혼을 통고할 수 있었습니다. 한편, 남편이 아내에게 매춘을 시키거나 아내를 간통으로 무고하는 경우, 또한 다른 여자와 내연관계를 유지하는 경우에는 아내 쪽에 합당한 이혼 사유가 생기는 것으로 보았지요. 그 밖에 부부 양쪽 모두에게 해당되는 정당한 이혼 사유도 있었는데요. 배우자의 삶에 올가미를 씌우거나 황제에 반대하여 음모를 꾀한 사람일 경우, 남편이든 아내든 자유롭게 이혼을 청구하는 것이 가능했습니다. 그리고 부부가 이혼하는 데 대한 유책 사유가 있는 배우자는 혼인지참재산이나 혼인증여의 상실 또는 재산의 4분의 1을 잃는 금전적 제재를 받았습니다.

한편 '정당한 사유가 있는 이혼divortium ex iusta causa'이라는 개념이 보편화되면서 '무책 이혼divortium ex bona gratia'이라는 개념도 도입되었습니다. '무책 이혼'이란 배우자 어느 쪽도 책임이 없는 불가피한 사유에 따른 이혼을 말하는데요. 한쪽 배우자의 신체적 결함 때문에 혼인 후 3년 동안 자녀가 없는 경우(성교 불능), 또는

5년 동안 남편이 전쟁포로로 부재했던 경우, 정신이상이나 질병이 있는 경우 등이 해당되었습니다.

결론적으로 그리스도교 황제들의 입법은 종종 이혼에 일정한 제한을 두었고, 정당한 이유 없이 배우자와 이혼하는 사람에게는 벌금을 부과했습니다. 그러나 '이혼이 가능하다'라는 원칙은 유지되었고, 유스티니아누스법에서는 이혼의 유효성을 위해 이혼 통고 서류인 '이혼증서libellus divortii/repudii'를 발부하는 것이 의무화되었습니다.

로마법에서는 남편뿐만 아니라 아내에게도 이혼은 그다지 어려운 일이 아니었다고 합니다. 심지어 엄밀히 말하자면 이혼을 배우자에게 반드시 알릴 필요조차 없는 지경까지 갔습니다. 그래서 로마 곳곳에는 자신이 이혼당했는지조차 모르는 남편들도 많았다고 해요. 로마사회에서 이혼과 재혼은 아주 흔한 일이었으며, 거의 모든 가정에 부모가 다른 아이들이 있었습니다.*

로마 역사에서 다시 결혼관과 이혼관이 바뀐 것은 기원후 약 260년경 제국에 이방인들이 들이닥치면서부터였습니다. 경제적 불확실성과 심리적 위기감이 로마인들의 성의식에도 큰 변화를 초래한 것이지요. 상당히 자유분방하던 부부관계가 재조정되어

* 필립 아리에스·조르주 뒤비 책임편집, 『사생활의 역사 1—로마 제국부터 천 년까지』, 87쪽 참조.

남편과 아내가 서로 성실의 의무를 다하도록 했습니다. 그리고 동성애를 비난하며 결혼생활의 1차 목적을 자녀 출산에 두기 시작했지요. 전쟁으로 많은 젊은이들이 목숨을 잃었고 질병으로 유아사망률도 높았기 때문에 인구를 늘리는 일은 제국의 중요한 과제였을 겁니다. 그리고 바로 이 무렵부터 그동안 자유로웠던 이혼도 점점 간단치 않게 되어갔습니다.

4세기부터는 초혼에서 태어난 아이들을 보호하기 위하여 재혼남녀에게 재정적으로 다양한 제약을 두기 시작합니다. 이러한 맥락에서 후기 고전기 로마법은 '두 번 혼인한 남성parens binubo'이 유언 시에 첫번째 혼인으로 출생한 자녀를 우선적으로 고려해서 재산을 처분하도록 했습니다. 로마법이 이렇게 바뀐 데는 당연히 당시 제국의 상황과 그리스도교의 영향을 부인할 수 없겠습니다.

그렇다면 예수가 말한 결혼과 이혼에 대한 가르침의 진의는 무엇이었을까요? '혼인과 이혼'에 대한 예수의 가르침은 성서 마르코의 복음서(10장 2~12절), 마태오의 복음서(19장 1~12절), 루가의 복음서(16장 19절)에 나옵니다. 이중 마르코의 복음서를 함께 읽어보겠습니다.

그때에 바리사이파 사람들이 와서 예수의 속을 떠보려고 "남편이 아내를 버려도 좋습니까?" 하고 물었다. 예수께서는 "모세는 어떻게 하라고 일렀느냐?" 하고 반문하셨다. "이혼장을 써주고 아내를 버리는 것은 허락했습니다" 하고 그들이 대답하자 예수께서는 이렇게 말씀하셨다. "모세는 너희의 마음이 굳을 대로 굳어져서 이 법을 제정해준 것이다. 그런데 천지창조 때부터 하느님께서는 사람을 남자와 여자로 만드셨다. 그러므로 사람은 그 부모를 떠나 자기 아내와 합하여 둘이 한 몸이 되는 것이다. 따라서 그들은 이제 둘이 아니라 한 몸이다. 그러므로 하느님께서 짝지어주신 것을 사람이 갈라놓아서는 안 된다." 집에 돌아와서 제자들이 이 말씀에 대하여 물으니 예수께서는 "누구든지 자기 아내를 버리고 다른 여자와 결혼하면 그 여자와 간음하는 것이며 또 아내가 자기 남편을 버리고 다른 남자와 결혼해도 간음하는 것이다"라고 말씀하셨다.

"하느님께서 짝지어주신 것을 사람이 갈라놓아서는 안 된다"는 것이 요지입니다. 그러나 이 내용은 훗날까지 계속될 그리스도인의 절대불변의 결혼 원칙이자 견고한 일부일처제의 토대가 되었다기보다는, 초기 그리스도교 공동체에 나타났던 혼인과 이혼에 대한 고민의 결과라고 보아야 합니다. '이혼과 재혼'에 대해서는 유대교와 그리스-로마 문화가 각기 다른 생각을 갖고 있었는데요. 예수 시대에 유대교에서 이혼할 수 있는 근거는 구약성서 신명기(24장 1절)에 나와 있습니다. "누가 아내를 맞아 부부가 되었다가 그 아내에게 무엇인가 수치스러운 일이 있어 남편의 눈 밖에 나면 이혼증서를 써주고 그 여자를 집에서 내보낼 수 있"다고 하였지요. 초기 그리스도교인들은 이 성서 구절에 근거하여 결혼을 물권법과 관계되는 사항으로 간주하여, 아내는 남편의 소유라고 여겼고, 이혼을 주도하고 실행하는 권리를 남편에게 주었습니다.

또한 신약성서 시대 팔레스타인 지방에서는 한 남자가 각기 다른 여자와 동시에 혼인하는 중혼은 거의 없었고, 이혼 후 재혼하는 게 일반적이었습니다. 이혼할 땐 아내에게 '이혼증서'를 건네주어야 했는데요. 그 목적은 헤어질 아내를 자유롭게 하여 재혼할 남성이 간음죄를 저지르지 않게 하려는 것이었습니다. 물론 이에 대해 신학자 에라스무스는 전혀 다른 의견을 내놓았지만요. 모세의 '이혼증서' 제도는 남편에게 더 부유하고 아름다운 젊은 여인이 생겼을 때, 사랑받지 못하는 아내가 살해되거나 뒷방에서 가련하게 늙어가기보다는 차라리 헤어질 수 있도록 허락하는 의미라고 보았습니다.*

사실 에라스무스의 추측도 최소한의 양심과 예의가 있는 남자들이나 생각할 수 있는 것이지, 아내를 자기 소유물처럼 생각했던 당시 유대 남성들은 모세가 말한 '이혼증서'를 도리어 악용했을 가능성이 높습니다. 에라스무스의 표현처럼 자기 아내보다 더 젊거나 예쁘거나 부유한 여성을 만나면 '이혼증서' 작성이라는 최소한의 율법적 의무만 다하고 아내를 쉽게 저버리는 일도 드물지 않

* J. 그닐카, 『국제성서주석 마르코복음 II』, 한국신학연구소 번역실 옮김, 한국신학연구소, 1986, 104~107쪽 참조.

왔을 것입니다.

아마도 예수는 이렇듯 가난한 사람과 외국인, 특히 여성에게 불리하게 작용하는 결혼과 이혼 제도에 대해 이미 잘 알고 있었으리라고 생각합니다. 여성이 혼인할 때 가져가는 결혼지참금이란 것도 부유한 집안에서나 가능하지, 대다수의 가난한 집 여인들은 소나 양 몇 마리에 팔려가는 일이 허다했습니다. 가난한 집 여인이 이혼당하면 남편의 집을 떠날 때 가지고 나올 재산도 거의 없었지요. 이렇게 되면 이혼당한 후 경제적 사회적으로 완전히 고립되어 그녀의 삶은 고단할 수밖에 없었습니다.

그래서 저는 성서에서 '이혼하지 말라'고 한 예수의 진의를 조금 다른 방향에서 생각해보게 됩니다. 당시의 이혼제도하에서 철저히 약자의 입장이었던 여성을 보호하기 위해 예수가 이혼하지 말라고 한 건 아닐까 추측해봅니다. 예수는 서로 다른 두 남녀가 평생 함께하면서 서로 부족한 것을 채워주고 온전한 영적 인간으로 성숙하길 바랐지만, 실제 현실에서는 남자가 욕정에 치우쳐 쉽게 아내를 이용하고 저버리는 일이 허다했습니다. 이 과정에서 인권을 제대로 보호받을 수 없었던 사람, 즉 가난한 아내의 처지를 예수가 가엾이 보고 '부부는 하느님이 맺어주신 관계'라는 대의명분을 앞세워 이혼을 금한 것은 아니었을까요? 그러나 시간이 흐르면서 '약자를 보호한다'는 맥락과 취지는 어딘가로 사라지고 그저 '이혼하지 말라'라는 계명만 남은 건 아닐까 생각해봅니다.

어떤 말이나 일의 앞뒤 맥락을 찾아보는 것은, 그 사안을 단편적으로 보지 않고 한 발 더 들어가 성찰할 수 있게 해줍니다. 누군가 왜 그런 말을 했는지, 왜 일이 그렇게 됐는지 형편이나 사정을 살피는 것이 결국 모든 일의 맥락을 잡고 진실에 다가가는 길입니다. 이것은 곧 인간을 인간으로서 존중하고 배려하는 태도이기도 하겠지요. 조금만 세밀하게 사람과 사건을 살피다보면 생각지도 못한 곳에서 이해의 둑이 터질 수 있습니다. 물론 그런 삶의 태도를 갖추려면 시간이 굉장히 많이 필요하지요. 마음의 정성도 챙겨야 하니 때로는 성가시고 좀 귀찮기까지 합니다. 하지만 그런 마음의 장애물을 이겨내고 이 수고로운 노력을 지속한다면, 삶을 대하는 태도와 세상을 보는 관점이 점점 달라지고 결국 내면도 더욱 성숙해갈 것입니다.

무작정 '이혼하지 말라'는 계명에만 집착하는 것은 예수의 진리를 따르는 길이 아닐 것입니다. 그렇다고 해서 그 어떤 조정과 노력 없이 손쉽게 이혼을 결정하는 것이 성서를 현대적으로 해석하는 것도 아니라고 생각해요. 그보다 오늘날의 우리에게 절실하게 필요한 건, 배우자의 말과 행동에서 '맥락'을 찾아내고, 오해 없이 메시지를 읽으려는 노력이 아닐까요?

로마의 많은 유적들 앞에 서면 저는 육중한 역사의 무게를 느낍니다. 하지만 오랜 과거에서부터 오늘에 이르기까지 인간 존재의 근본을 사로잡고 있는 시각이나 태도는 크게 변한 것이 없는 것 같아, 자주 놀라고 씁쓸해지기도 합니다. 인간을 둘러싼 제도와 법, 종교와 신념, 역사와 문화를 이해하는 우리의 완고한 생각과 단단한 현실의 벽은 바뀐 듯 바뀌지 않는 것 같습니다. 전통이라는 이름으로, 관습이라는 명목으로 인간을 옥죄고 있는 온갖 제도와 신념과 '주의主義'들을 보세요. 저는 고대 로마인과 유대인들이 이혼을 대하는 태도에서 사람의 인식에 따라 변모하는 '제도'란 무엇일까 생각에 잠겼습니다.

세계 경제 질서와 산업구조는 지금도 빠르게 변화하고 있습니다. 사람들의 의식 수준도 놀랍도록 변화무쌍하여 때로 따라가기가 버거울 지경이지요.

당신은 달라지는 사회적 관습이나 제도에서 시대적 맥락을 읽고 있나요?

현실적으로 맥락을 따질 여유가 없다는 핑계로, 세태를 따라가기도 버겁다는 이유로, 완고하고 고집스럽게 원칙과 관습의 덫에 빠져 있는 건 아닌가요?

인간이 만들어낸 모든 제도 가운데 시공간을 초월해 영영 변치 않을 절대원칙이란 사실상 없는지도 모릅니다.

Historia Romana semper rescribitur.

히스토리아 로마나 셈페르 레스크리비투르.

“로마의 역사는
언제나 다시 쓰인다.”

"너희 중에 누구든지 죄 없는 사람이 먼저 저 여자를 돌로 쳐라"

예나 지금이나 폼페이 유적지는 화산 폭발로 폐허가 되어버린 도시를 대표하는 가장 강력한 상징이며 사람들의 시선을 사로잡는 최고의 볼거리입니다. 저도 이곳을 몇 번 다녀온 기억이 있는데요. 발굴 초기인 18세기와 19세기에는 유골에 대한 기대와 관심이 커서 유럽인들이 가장 여행하고 싶은 관광지로 자주 꼽혔다고 합니다.

독일의 문호 괴테도 예외는 아니었습니다. 그는 『이탈리아 기행』의 1787년 3월 13일 편지에 이렇게 썼습니다.

일요일에 다시 폼페이에 들렀다. 세상에는 많은 환란이 있었지만, 후대에 이토록 큰 즐거움을 선사한 일은 흔치 않다. 이보다 더 흥미진진한 일을 나는 알지 못한다. 집들은 아담하고 좁지만 집안에 있는 모든 것은 예쁘게 칠이 되어 있었다. 신기하게도 묘지 바로 옆에 이 도시의 성문이 붙어 있다. 한 여사제의 무덤은 반원형의 벤치 모양이었고, 팔걸이는 돌로 만들어졌다. 그 옆에 묘비명은 대문자로 새겨져 있다. 의자 저 너머로 바다가 보이고 석양이 내린다. 멋진 생각이 날 만한 훌륭한 장소다.

실로 폼페이는 고대인의 생활과 로마인의 풍습을 한눈에 볼 수 있는 거대한 박물관이라 할 수 있습니다. 폼페이를 통해 우리는 그 당시 생활인들의 일상을 엿볼 수 있습니다. 성과 관련된 것도 예외가 아닌데요. 유적지 낙서에는 외설적인 표현이 넘쳐났습니다. "많은 여성과 사랑을 나누었다multas puellas futuisse"는 것을 자랑하기 위해 그 내용을 길거리의 벽에 쓰는 사람도 있었어요. 교차로의 모퉁이에는 '메레트리체스meretrices'라고 부르는 매춘부들이 치열한 호객행위를 벌였고요. 정치인들은 정적에게 "매일 ×이나 잡고 있어라cottidie in manu penem tenere!"와 같은 아주 원색적인 비난도 서슴지 않았습니다.* 어느 주점 벽에는 성적인 맥락에서 거

* 한동일, 『라틴어 수업』, 169~170쪽 참조.

론한 듯한 여자들의 이름이 일일이 적혀 있는데요. "노예 펠리클라는 2아스" "노예 소녀 수케사는 몸값이 비쌈" 같은 식으로 성매매를 위한 가격까지 적혀 있기도 했습니다. 심지어 여자들의 몸값 목록으로 보이는 것도 있습니다. "아크리아 4아스, 데파프라 10아스, 피르마 3아스"* 이런 식으로요.

그러나 이렇게 과거의 자료를 해석할 때, 현대의 우리는 한층 신중해야만 합니다. '간음'에 관한 이번 강의를 본격적으로 시작하기 전에, 여러분께 한 가지 부탁하고 싶은 것이 있습니다. 앞서 말한 대로 로마인들이 오늘날의 우리보다 더 타락했거나 부도덕했을 거라는 막연한 추측은 금해주었으면 합니다. 오히려 로마인들이 타임머신을 타고 지금으로 건너온다면 현대인의 성생활을 보고 '왜 이렇게 복잡하게 성과 사랑을 규정하며 개인에게 고통을 안기는가?' 하고 반문할지도 모르거든요.

로마인들의 입장에서 현대인의 성의식은 상당히 복잡하다고 느낄 수도 있습니다. 또 그들은 우리에게 이런 수많은 질문들을 던질 수도 있겠지요.

현대인들은 왜 복잡하게 남성은 무엇을 해야 하고 여성을 무엇을 해야 한다고 규정하는가? 남자다움이란 무엇이고 여자다움이란 또 무엇인가? 무엇이 음란이고 또 어떤 것은 음란하지 않은가?

---

* 메리 비어드, 『폼페이, 사라진 로마 도시의 화려한 일상』, 강혜정 옮김, 글항아리, 2016, 412~413쪽 참조.

이성애자는 법으로 어떻게 규정하고 동성애자에 대해서는 왜 각국마다 논란의 양상이 다르며 법적 논의 과정도 다른가? 현대인들은 성에 대하여 왜 이다지도 많은 금기를 지니고 있는가?

로마인들은 본능적으로 접근해야 할 성에 오히려 불필요하게 너무 많은 규칙을 세워놓은 것이 아니냐고 반문할 수도 있어요.

로마인에게 성은 신의 선물이었습니다. 성이란 '베누스의 여신'이 준 선물이기 때문에 마땅히 즐겨야 하고 또 제대로 즐기는 것이 중요하다고 생각했지요. 성은 삶의 즐거운 의식이며 서로 만족하는 성행위를 통해 건강한 자식 또한 갖게 된다고 믿었습니다. 로마인은 성행위가 죄의식을 가져야 할 일이라거나 은밀하게 숨겨야 할 수치스러운 행위가 아니라고 생각했어요.* 그런데도 로마인들은 성에 관한 최소한의 규칙을 세우는데, 그게 바로 간음과 간통에 관한 규율입니다.

'치욕, 불명예, 강간'을 의미하는 라틴어는 '스투프룸stuprum'입니다. 로마에서는 미혼여성이나 사회적 명망을 가진 과부와 성관계를 갖는 것은 불법으로 간주했습니다. '간음'은 기혼자가 배우자 이외의 다른 사람과 관계를 맺는 '간통'과는 구별되는 죄였는데요. (바로 다음 강의에서 로마의 간통죄에 대해 이야기하겠습니다.) 간음죄가 성립되면 간음한 쌍방 모두를 처벌했습니다.

* 알베르토 안젤라, 『고대 로마인의 24시간』, 372쪽 참조.

간음죄에는 남색男色도 포함되었습니다. 남성이 다른 남성이나 소년과 성관계를 맺으면 제국 초기에는 사형에 처했다가 이후에 벌금형으로 바뀌었고, 제국 후기에는 다시 사형에 처했습니다. 다시 말해 로마시대엔 동성애가 발각되면 죽을 수도 있었던 겁니다. 로마법상 동성 간의 성행위나 추행은 '남성 간의 음란죄stuprum cum masculo'라고 하여 민회의 정무관이나 자치도시 경찰관인 안찰관aediles이 곧장 제소했습니다.

동성 간의 성행위는 기원전 149년 '스칸디나법Lex Scantina'에 따르면 동화 1만 또는 금화 100의 벌금형에 처해졌습니다. 로마에서 당초에 동성 간 성행위를 금지한 것은 윤리적인 이유라기보다 국가 전략적인 이유에서였습니다. 미래 산업 자원을 확보하는 차원에서 혼인과 가정을 통해 인구가 증가해야 한다고 보았기 때문이죠. 한마디로 국가의 입장에서 동성애는 '생산적'이지가 않았던 겁니다.*

또한 정확한 이유를 알 수는 없지만 1세기 말부터 2세기 초까지 로마 가정에는 불임으로 근심하는 부부가 아주 많았다고 합니다. 그래서 기원전 18년 '혼인계층에 관한 율리우스법'과 기원후 9년 아우구스투스의 '파피우스 포파이우스법'을 콘스탄티누스 황제 때 와서 크게 완화하게 되는데요. 미혼자나 독신자, 무자녀 부

---

* 한동일, 『라틴어 수업』, 192~193쪽 참조.

부는 상속 자격이 없다는 이전 입법을 과감하게 폐지했습니다. 유스티니아누스 황제 때 이 두 법을 완전히 폐지한 것도 이른바 '정상 가정'의 범주가 점차 확장되는 사회적 현상이 반영되었기 때문일 것입니다.

로마법에서 말하는 '간음'이란 용어는 오늘날 일반적으로 사용하는 '배우자 외의 사람과 맺는 부정한 성관계'하고는 의미가 약간 달랐습니다. 가령 노예 신분에서 해방된 여성은 원로원 지위에 있는 남성과 자유롭게 성관계를 맺는 것이 허락되지 않았습니다. 그와 반대로 '방종한 여자라고 인식되는 여성'은 그 어떤 경우에도 간음한 것으로 간주하지 않았습니다. 여기서 '방종한 여자로 인식되는 여성'이란, 한마디로 말해서 당시 '메레트릭스meretrix'라 불렸던 매춘부입니다. '메레트릭스'라는 명사는 '보수를 받는다'는 의미의 동사 '메레오mereo'에서 파생한 단어인데요. 원래는 '구체적인 노동을 통해 마땅히 받아야 할 임금'을 뜻하는 단어였어요. 그런데 매춘부가 받는 돈이 바로 육체적인 노동의 대가로 받는 보수라는 의미로 사용되었고, 몸으로 돈을 버는 사람이라는 의미에서 '메레트릭스'라고 부르게 되었습니다. 유스티니아누스는 매춘부를 "공공연하게 몸으로 돈벌이하는 여인mulier quae palam corpore quaestum facit"(D. 23. 2. 43 pr. 1)이라고 정의했지요.

매춘부로 일하려면 안찰관에게 사전에 등록해야 했습니다. 매춘부는 법적으로 법정에서 증언할 수 없고, 유증·상속·공공 경기 관람도 할 수 없는 처지였지만, 매춘세는 내야 했습니다. 매춘세 제도는 40년 칼리굴라 황제가 매춘부에게 부과했던 세금으로서 498년까지도 폐지되지 않았는데, 그 이유는 로마 정부가 매춘세 세입에 재정의 상당한 부분을 의존했기 때문입니다. 이것을 거꾸로 생각해보면 그만큼 매춘이 광범위하게 많았다는 것을 알 수 있지요.

매춘세는 일종의 소득세이지만 그렇다고 매춘부들을 경제적인 의미의 납세자로 인정하진 않았습니다. 매춘부들은 세금 부담의 의무를 피하기 위해 그 세액만큼을 고객에게 전가하는 방법을 꾀하기도 했을 것입니다. 하지만 역설적이게도 매춘부 중 대다수가 여성 노예들이었고, 매춘굴을 이용하는 남성들은 일부 상류층 귀족 남성들도 있었지만 대부분 남성 노예였다는 점을 생각하면, 로마 재정의 상당 부분은 가난한 노동자인 노예들의 주머니에서 충당되었음을 확인하게 됩니다.

매춘부는 매춘을 그만두더라도 파렴치의 낙인이 찍혔습니다. 매춘부가 이 낙인에서 벗어날 수 있는 방법은 적법한 결혼을 통해 명예회복을 하는 것이었지요. 하지만 실현 가능성이 그다지 높지 않은 일이었습니다. 사실 매춘업에 종사하는 대부분의 여성은 극도로 가난해서 생계유지를 위해 매춘으로 내몰린 경우가 많았는데, 그들과 선뜻 결혼하고자 하는 남성은 많지 않았습니다. 일자리가 부족했던 로마사회에서 여성으로서 상대적으로 높은 수입을 올릴 수 있던 매춘을 가난한 여성들이 그만두기도 쉽지 않았을 테고요.

이런 삶을 사는 사람들의 이야기를 만나면 2천여 년의 시공간을 뛰어넘어 여전히 쉽사리 바뀌지 않는 인간의 계급과 삶의 조건을 생각하게 됩니다. 그리스도교가 매춘을 종교적으로 금지하고 엄격하게 단죄했는데도 150년 가까이 매춘세 제도가 유지되었으니, 그 긴 시간 동안 사회지도층과 지배계급들은 가난한 사람들의 고혈로 국고를 채우면서도 적당히 한쪽 눈을 감고 나 몰라라 했던 셈입니다. "부자들의 낙원은 가난한 자들의 지옥으로 세워진 것"이라는 빅토르 위고의 말이 예나 지금이나 한 치의 오차 없이 아프게 다가옵니다.

로마사회는 원로원 의원과 그 자녀가 매춘부나 '미마mima'라고 불리던 희극 여배우, 이 직업을 갖거나 가졌던 부모의 자녀, 그리고 나쁜 평판의 여성과 결혼하는 것을 엄격히 금지했습니다. 또 설령 이런 여성들과 성적인 관계를 가졌다 하더라도 간음죄를 묻지 않았습니다. 창녀나 매춘부와의 성관계는 간음죄에 해당하지 않기 때문입니다. 이런 여성들과의 결합은 적법한 혼인관계가 아니라 '내연관계'로 보았는데, 라틴어로는 '마트리모니움 클란데스티누스matrimonium clandestinus'라고 불렀습니다.

간음죄의 경우도 간통죄와 마찬가지로 '간통금압에 관한 율리우스법Lex Julia de adulteriis coercendis'에 따라 간음한 딸의 아버지가 간음이 명백한 현장을 적발한 경우, 자기 딸과 간통한 남자를 살해할 수도 있었습니다. 이렇게 간음을 하다 최악의 상황에서는 죽음에 이르는 경우도 있었지만, 대체로 간음이나 음란죄는 '섬 유배형relegatio in insulam'의 형벌을 받았습니다.

간음한 여자는 추방되는 것 이외에도 재산의 3분의 1이 몰수되는 형벌이 더해졌습니다. 간음한 남성 또한 재산의 절반이 몰수되었고요. 간음죄를 저지른 사람에 대한 '재산몰수'는 국가에 죄를 범한 자의 재산몰수와 똑같이 적용되었습니다. 이렇게 몰수된 재산은 다른 사람이 경매에서 매수하여 소유권을 취득하는 '몰수재산 경락競落, sectio bonorum'이 시행되었습니다. 이 제도는 유스티니아누스 황제 때에 폐지되었기 때문에 널리 알려지진 않았는데요. 오늘날 한국사회에서도 부동산이나 동산을 매매할 때 자주 활용되는 경매제도의 원형이 바로 로마법에서 유래한 것임을 알 수 있습니다.

한편 고전 후기 로마법은 동성 간의 성행위나 추행이 비록 합의에 따른 것일지라도 '남성 간의 음란죄'로 다스렸습니다. 처벌도 상당히 무거웠는데요. '12표법'에서 방화범에 대한 형벌과 같은 '화형vivi crematio'에 처했습니다. 화형은 통상 방화로 사람이 죽었을 때만 시행되었는데, 동성애자를 화형으로 처벌했다는 건 그만큼 동성애를 중죄로 인식하고 엄단해도 사회적으로 계속 퍼져나갔다는 증거일 것입니다. 이러한 화형은 중세를 거치면서 '이단 심문inquisitio'에서 적발된 이들에게 처해지는 사형의 한 형태로 변해갔습니다.

간음과 음란죄와 관련하여 로마 법문의 자료는 상당히 피상적입니다. 단 몇 줄로 처벌은 어떻게 했고, 어떠한 사람들이 이 죄에 해당되는지만 간략히 설명합니다. 그 간략한 설명 안에는 당사자들이 느꼈을 고통이나 당혹감은 서술되어 있지 않습니다. 성서도 예외는 아닌데요. 요한의 복음서에 나오는 '간음한 여자'만 보아도 그렇습니다.

> 그때에 율법학자들과 바리사이파 사람들이 간음하다 잡힌 여자 한 사람을 데리고 와서 앞에 내세우고 "선생님, 이 여자가 간음하다가 현장에서 잡혔습니다. 우리의 모세법에는 이런 죄를 범한 여자는 돌로 쳐 죽이라고 하였는데 선생님 생각은 어떻습니까?" 하고 물었다. 그들은 예수께 올가미를 씌워 고발할 구실을 찾으려고 이런 말을 하였던 것이다. 그러나 예수께서는 몸을 굽혀 손가락으로 땅바닥에 무엇인가 쓰고 계셨다. 그들이 하도 대답을 재촉하므로 예수께서는 고개를 드시고 "너희 중에 누구든지 죄 없는 사람이 먼저 저 여자를 돌로 쳐라" 하시고 다시 몸을 굽혀 계속해서 땅바닥에 무엇인가 쓰셨다. 그들은 이 말씀을 듣자 나이 많은 사람부터 하나하나 가버리고 마침내 예수 앞에는 그 한가운데 서

있던 여자만이 남아 있었다. 예수께서 고개를 드시고 그 여자에게 "그들은 다 어디 있느냐? 너의 죄를 묻던 사람은 아무도 없느냐?" 하고 물으셨다. "아무도 없습니다, 주님." 그 여자가 이렇게 대답하자 예수께서는 "나도 네 죄를 묻지 않겠다. 어서 돌아가라. 그리고 이제부터 다시는 죄짓지 마라" 하고 말씀하셨다."(요한의 복음서 8장 3~11절)

성서 역시 간음하다 걸린 여자와 관련한 상황만 서술하지 그 여성이 느꼈을 수치와 고통에 대해서는 아무런 언급이 없습니다. 성서의 서술 자체가 원래부터 등장인물의 내면을 묘사하는 데 주력하지 않기 때문에 그에 대한 상상과 공감은 오로지 독자들의 몫이지요. 법문도 마찬가지입니다. 개념과 사례는 알 수 있지만, 그 법을 적용받는 사람들의 개별적인 사연은 알 수 없습니다.

요즘 많은 젊은이들이 구직을 위해 이력서와 자기소개서를 씁니다. 저도 제자들이 이력서와 자기소개서를 회사에 제출하기 전에 몇 번 읽어본 일이 있습니다. 그들의 이력서는 길지 않습니다. 길어야 한두 장을 넘지 않지요. 그 학생은 그 한 줄 한 줄을 위해 엄청난 시간과 노력을 기울였을 텐데, 읽는 사람은 빠르게 훑어나갑니다. 제자들의 이력서와 자기소개서를 보다가 문득 내가 이력서를 쓸 때를 생각했습니다. 그때의 내 마음을 다시 떠올려보았습니다.

누군가가 내 이력서 한 줄 한 줄을 제대로 읽고 그 과정을 이해해 주길 얼마나 간절히 바랐던가요. 그에게는 단 몇 줄이지만 나는 그 한 줄을 위해 얼마나 마음 졸이고 고생하고 애가 탔는지요. 비록 보잘것없지만 한 인간이 전력을 다해 쌓아온 고생의 과정에 대해 그 누구라도 크게 공감하며 읽어줄 수만 있으면 얼마나 좋을까요. 우리가 누군가의 그 한 줄을 제대로 이해하려 노력하고 끝내 이해할 수만 있다면 모두의 삶이 조금은 덜 삭막하지 않을까요?

우리의 눈은 왜 스스로의 내면을 향하지 못하고, 늘 타인만을 바라볼 수 있게 만들어진 걸까요? 우물 안 개구리처럼 인간은 제 눈에 보이는 것만을 인식하고 판단하기 때문에, 자기에 대해서는 정확히 알지 못하면서 타인에 대해 그토록 단정적으로 잘라 말하고 평가하는 것은 아닐까요? 한 사람이 한 가지 실수 때문에 만 가지의 집중포화를 당하는 뉴스를 보며, 어느새 우리도 그렇게 편협해지고 잔인해져가는 건 아닌지 자문해봅니다.

살다보면 타인에게 섭섭하거나 속상한 감정이 들 때가 있습니다. 그런 감정의 한가운데 서 있을 때 저는 타인을 끊임없이 재단하고 있는 나 자신의 모습을 보게 됩니다. 정작 타인은 가만있는데 내 안의 생각과 감정이 한시도 가만있지 않고 꿈틀대는 거죠. 그렇게 스스로를 들볶으며 나는 누군가에 대한 소설을 머릿속으로 쓰고 있었습니다. 그리고 역으로 나 역시도 타인에게 그렇게 이야깃거리가 되고 있겠죠. 중요한 것은 타인의 평가가 곧 '나의 자아Ego'는 아니듯이 나의 평가 역시 '그' 자체는 아닐 겁니다. 그리고 스스로 들볶지만 않아도 훨씬 편안해지는 내 모습을 발견합니다.

저는 오늘도 수없이 누군가에 대해 마음속으로 소설을 씁니다. 그것을 그대로 가지고 가서 출판을 의뢰한다면 출판사로부터 과연 어떠한 답변을 듣게 될까요? 아마도 편집자는 정중하게 거절할 테죠. 속으로 아니 무슨 이런 시답잖은 이야기를 보냈냐고 하면서, 내가 다녀간 뒤에 원고를 쓰레기통에 처넣어버릴지도 모릅니다.

과연 우리는 마음속에서 얼마나 많은 타인의 이야기를 써내려가고 있을까요? 우리의 이력서 한 줄이 누군가에게 제대로 이해받길 바랐던 것처럼, 우리는 타인의 삶에서 어느 한 줄이라도 제대로 이해하려고 노력해본 적 있을까요? 행간에 숨겨진 다른 두 줄, 또다른 세 줄을 찾아 읽으려는 노력을 제대로 기울인 적이 있나요?

법문이나 성서에 쓰인 한 줄의 격언과 잠언이 수많은 함의와 개개인의 사연을 품고 있듯이, 오늘 내가 맞닥뜨린 사소한 사건과 사람들 속에도 우리가 무심히 흘려넘긴 수많은 이야기와 아픔이 숨어 있습니다.

Qui sine peccato est vestrum primus in illam lapidem mittat.

퀴 시네 페카토 에스트 베스트룸 프리무스 인 일람 라피뎀 미타트.

"너희 중에 누구든지
죄 없는 사람이 먼저
저 여자를 돌로 쳐라."

"남편이 지키지 못하면서 아내에게 요구하는 것은 옳지 않다"

이제는 고인이 되신 마광수 교수님은 『사랑학 개론』 '제1장 사랑의 물리적 속성'에 이렇게 썼습니다.

사랑은 절대로 아름다운 것이 아니다. 그리고 그렇게 믿음직스러운 것도 아니다. 사랑은 지극히 변덕스럽고 이기적인 욕심덩어리이며, 생존경쟁과 약육강식의 장場인 이 세상에서 우리를 겨우 지탱해주는 실존實存 그 자체일 뿐이다. 도덕이나 연민 같은 당위적 윤리의 문제가 사랑에는 전혀 개입되지 않는다. 인간은 한평생 사랑을 게걸스럽게 찾아다니며 욕망의 성취를 위해 싸워나가야만 한다.*

"한평생 사랑을 게걸스럽게 찾아다니는 존재인 인간"이란 말이 불편하게 느껴지는 분도 있을지 모르겠습니다. 그런데 인간이 하는 그 모든 행동이 설령 거칠고 아름답지 않다 해도 결국 사랑받고자 하는 욕구에서 나오는 것이라면, 결국 인간의 삶에서 사랑을 빼면 남는 게 없다는 말과도 같을 겁니다. 인간은 그런 존재이기 때문에 죽을 때까지 그 대상을 달리하며 다채로운 빛깔과 향기를 뿜으며 사랑하고 또 사랑받고자 합니다.

이성異性을 향한 인간의 원초적이고 본능적인 끌림은 인류 역사의 시작과 함께 가장 강렬한 사랑의 주제가 되었습니다. 그러나 사랑을 갈구하는 나약한 인간의 흔들리는 이성理性은, 불륜이니 간통이니 하는 문제를 만들어내고야 말았지요. 사랑, 아름답지만 허망한 이 이름이 법의 영역 안으로 들어오면 자주 '간통' '간음'이라는 말로 옷을 바꿔 입습니다. 심지어 고대 마르티알리스의 비문시碑文時와 유베날리스의 풍자시, 소플리니우스의 서한집에도 간통 문제가 언급될 정도니까요. 아우구스투스 황제가 간통한 자들의 재산을 몰수하고 간통남과 간통녀가 서로 결혼하는 것을 금지하는 법률까지 제정하면서 불륜관계인 연인을 엄하게 다스리려고

* 마광수, 『사랑학 개론』, 철학과현실사, 2013, 12쪽.

노력했지만, 잘되지 않았다고 전해집니다. 생각해보면 인류사에서 국가는 늘 인간의 허리 아래의 일까지 관장하려고 시도했지만, 완벽하게 성공한 적은 거의 없지요.

고법古法시대부터 공화정기까지 간통은 가장권에 속하는 가정사로 취급되어 간통에 관한 일반법은 제정되지 않았고 공권력의 개입도 없었습니다. 간통에 관한 최초의 법은 로물루스가 제정한 것으로 추정되는 '로물루스 왕법Plurtachos Romulus'인데요. 로물루스는 기원전 770년경 출생하여 테베레강 가에 버려졌다가 성장해서 동생을 살해하고, 고대사회에서 가장 위대한 제국인 로마를 건설한 왕이죠. '로물루스 왕법'에 따르면 아내는 이혼을 요청할 수 없고 남편은 아내가 약물을 사용하여 낙태했을 때, 포도주 창고 열쇠를 훔쳤을 때, 또는 간통했을 때 이혼할 수 있었습니다. 하지만 공화정 중기에는 자유혼인, 자유이혼의 원칙에 따라 아내도 먼저 이혼을 청구하는 게 가능해졌지요.

간통은 기혼여성이 범했을 경우에만 형사범죄로 여겨졌습니다. 간통죄는 기원전 18년 아우구스투스의 '간통금압에 관한 율리우스법'에서 처음 도입되었는데요. 로마시민에게 시민법은 자랑스러운 소유물이었기에 외국인에게는 무분별하게 확대적용하지 않았습니다. 실제로 기원전 3세기 시민법은 로마인들을 다른 사람들과 구분하는 특권이었고, 특권을 누리는 만큼 로마시민은 도덕적으로 다른 사람들보다 더 높은 수준의 행동양식을 보여주어야 한다고 여겼습니다.

간통금압에 관한 율리우스법은 기혼여성이 배우자 외의 사람과 성관계를 맺은 경우는 '간통죄'로 처벌했고, 미혼여성이나 독신여성(과부)의 경우는 '간음죄'로 처벌했습니다. 하지만 공화정 말기에 접어들면 모든 제국의 흥망성쇠가 그러하듯 도박과 사치, 성범죄, 정략결혼과 이혼이 성행하고 상류층의 도덕적 타락이 만연하게 됩니다. 이러한 맥락에서 간통금압에 관한 율리우스법은 고법시대처럼 간통을 가장권에 속한 가정사로 이해하지 않고, 법의 틀 안에 흡수함으로써 황제권을 강화하는 동시에 자력구제의 폐단을 줄이려고 했습니다. 하지만 1세기 말이 되면 간통금압에 관한 율리우스법은 거의 잊히게 되는데요. 이 법은 고문서 자료실의 먼지 속에 처박혀 재판관들의 관심 밖으로 점차 멀어졌습니다.

초기 관습법은 남편이 간통한 아내에게 즉시 복수하거나 친족회의consilium propinquorum에서 협의하고 재판과 유사한 '가내 소송Iudicium domesticum'을 거쳐 사적으로 처벌하는 것을 허용했습니다. '가내 소송'이란 한 가문의 가장이 자신의 권력 아래 있는 가족 구성원에게 재판권을 행사했던 가내 법정의 절차를 말합니다. 가내 법정은 생사여탈권을 포함하여 가장의 무제한 권한을 상징하는 제도로서 고대부터 이어져온 관습상의 제도였습니다. 가장은 집안 문제에 대한 판결권을 독점했는데, 다만 주요 범죄를 심리할 때는 친족회의의 도움을 받았습니다.

생사여탈권은 가장이 자신의 부권 아래 있는 자녀들과 처, 노예의 처벌 수위를 결정하는 권한을 말하는데, 이 처벌권엔 사형 선고도 포함됐습니다. 가장은 중죄를 진 사람에게 벌을 주기 전에 친족회의의 자문을 받아야 했으나, 이 자문은 사실 그다지 구속력은 없었답니다. 그러나 가장이 자기 권리를 남용했을 때는 감찰관이 직접 조사했고 그것이 사실이라고 밝혀지면 파렴치로 간주해 처벌했습니다. 이런 생사여탈권은 황제의 칙법으로 크게 제한했다가 발렌티니아누스 1세가 완전히 폐지합니다.

앞서 말한 것처럼 간통한 여자의 아버지가 자기 집이나 사위의 집에서 간통현장을 적발했을 때는 이 생사여탈권을 가지고 자신의 딸과 간통한 남자adulter 둘 모두를 죽일 수 있었습니다. 반면 간통한 여자의 남편의 권리는 친정아버지의 권리보다는 다소 제한했습니다. 남편은 아내와 간통한 남자만 죽일 수 있었고, 범죄의 증거 보존을 위해 간통한 남자를 20시간 이내로만 억류할 수 있었지요. 그리고 남편은 간통한 아내와는 반드시 이혼해야만 했습니다. 간통한 아내를 묵인하고 용서하는 것 또한 범죄라고 본 것이지요. 아내가 간통했는데도 이혼하지 않는 남편은 '매춘알선lenocinium죄'로 다스려졌습니다. 매춘알선죄란 간통 유죄판결을 받은 여자와 혼인생활을 하는 남자를 포주로 간주해 처벌하는 법률이었어요.

로마시대 때 매춘알선을 하는 여자 포주는 '레나lena'라고 했고 남자 포주는 '레노leno'라고 불렀습니다. 법적으로 다른 여성의 매춘을 통하여 이득을 취하는 여자 포주 레나는 창녀와 똑같이 취급했습니다. 반면 레나의 남성형 명사 레노는 여자 포주 레나의 남편을 뜻하거나 혹은 이혼하지 않고 아내의 간통을 통해 이익을 얻는 남편을 지칭하기도 했어요. 이런 매춘알선자들은 모두 파렴치범으로 보아 중죄로 다스렸습니다.

결국 남편이나 시아버지는 간통한 여자를 형사 법정에 소추하는 공적 범죄인 간통죄로 반드시 고소해야만 했습니다. 이혼 후 2개월 이내에 남편이나 시아버지가 그녀를 고소하지 않으면, 모든 로마시민이 간통한 여성을 고소할 수 있었습니다. 하지만 이런 엄한 분위기와는 달리 보통 사람들은 간통 사건에 대한 소추를 꺼렸던 걸로 보입니다. 특히 원로원을 포함한 집권층에 대해 날카로운 법의 잣대를 들이대기란 현실적으로 쉽지 않았던 것 같습니다.

간통한 여자는 추방, 혼인지참재산 일부의 상실, 재산의 3분의 1 몰수 조치 등과 함께, 향후 재혼을 금지하는 금혼령도 추가로 선고받았습니다. 그리고 금혼령을 받은 여자와 혼인하는 남자까지도 처벌했습니다. 간통죄는 사면을 받을 수도 없었고, 간통범은 남녀를 분리하여 각기 다른 섬으로 유배를 보냈습니다. "섬들은 유배된 간통범들로 가득찼다"*는 기록만 보아도 간통이 사회적으

* 타키투스, 『역사서Histories』(Tac. H. 1. 2).

로 얼마나 만연했는지 짐작할 수 있겠지요. 유스티니아누스가 재차 확인한 콘스탄티누스 입법에서는 간통한 여성에 대한 사형을 명시했습니다.* 하지만 똑같은 불륜행위라도 남자는 간통죄로 처벌받지 않는 경우가 많았습니다.

아우구스투스 황제의 '간통금압에 관한 율리우스법'의 취지는 혼인법을 제정하여 성적으로 문란한 여성들이 상류계급으로 다시 진입하지 못하게 하는 것이었습니다. 간통죄 선고를 받은 여성을 매춘부와 동일시하며 지위를 격하시킴으로써 공개적으로 모욕을 주었지요. 신분이 높을수록 간통 전후로 신분 변화의 폭도 커서 더 깊고 절망적인 추락을 실감하게 했습니다.

간통죄로 유죄선고를 받은 여성은 매춘부들이 입었던 '토가toga'를 입어야 했습니다. '토가'는 고대 로마시민이 입었던 헐렁한 겉옷으로 통상 17세 이후의 남성이 입었던 옷입니다. 간통죄를 선고받은 여성에게 남성의 겉옷을 입혀서 주홍글씨를 새긴 셈이지요. 이런 의미에서 토가는 상류층 기혼여성의 성적 불명예를 공개적으로 드러내 지속적인 망신을 주었던 상징적인 옷이 되었습니다. 반면 상류층 기혼여성은 귀족용 의상인 '스톨라stola'를 입었습니다. 매춘부들은 절대 이 옷을 입을 수 없었어요. 리비우스Livius는 기원전 215년 오피아법Lex Oppia에서 로마의 중년 부인은 장식

* 『학설휘찬』(D. 48. 5); 『칙법전』(C. 9. 9).

이 없는 소박한 드레스인 '스톨라'를 입은 반면, 외국인 여성은 보라색과 금색으로 장식된 옷을 입고 거리를 활보했다고 기록했습니다.

로마의 입법자들은 이렇게 의복을 구별함으로써 간통죄로 처벌받은 여성을 드러나게 고립시키고 통제하려 했습니다. 또 상류층 기혼여성에게는 남편 이외의 다른 사람과 정분을 나누지 못하도록 경각심을 불어넣으려 했습니다. 이런 조치에는 옷이 한 사람의 사회적, 경제적 지위를 표현하는 수단이라는 근본적 이유도 있을 텐데요. 즉 사람이 입고 있는 옷을 통해서 그의 사회적 지위와 부의 정도를 가늠하는 인간의 심리를 법에 반영한 것이었습니다.

실질적으로 로마시대의 간통법은 사회적 지위가 높은 상류층 기혼여성에게만 해당하는 법으로 상류층의 기득권을 유지하고 옹호하는 방편으로 쓰였습니다.* 간통금압에 관한 율리우스법의 실제 목적은 원로원과 기사 계급, 속주나 자치도시 민회의원 등의 아내, 즉 로마 상류층 여성들이 정조를 지키게 하는 것이었습니다. 기혼여성이 배우자 이외의 사람과 성관계를 맺을 경우 간통죄로 처벌하고, 미혼여성은 혼전 순결의무 위반, 독신여성(과부)의 성적 방종은 간음죄로 처벌했습니다.

그렇다면 노예나 해방노예처럼 신분이 낮은 사람과 성관계를

* 임웅, 『로마의 하층민』, 한울아카데미, 2004, 120~126쪽 참조.

맺는 건 괜찮고, 자신과 같은 계층의 사람과 성관계를 맺으면 간통으로 간주한 이유는 무엇일까요? 여기엔 경제적인 이유가 숨어 있습니다. 같은 계급에 속한 사람과의 간통으로 낳은 자식은 합법적인 자식의 상속권을 위협할 수 있기 때문이었습니다. 즉 다른 집안의 피가 섞인 아이가 가문의 후손이 될 경우 발생할 유산상속의 문제를 염두에 둔 것이었죠. 한 가문의 재산이 다른 가문으로 흘러들어가는 일을 미연에 방지하고자 한 것입니다. 아울러 가문의 명예를 중시하는 혈연 중심의 사회에서 간통은 가문에 치욕적인 불명예를 안기는 중한 범죄라는 현실 인식이 반영된 법이었습니다. 로마의 간통법을 읽다보면 오늘날에도 이러한 인식이 여전히 남아 있다는 사실에 놀라움을 느끼곤 합니다.

한편 모든 법 앞에는 법망을 피해 불법을 저지르는 사람들이 있기 마련입니다. 간통금압에 관한 율리우스법이라고 해서 예외는 아니었습니다. 남성의 경우 아내 외의 상류층 여성과 성관계를 맺을 경우 상간자로서 처벌받지만, 노예 여성, 매춘부 등 하류층 직업군 여성과 성관계를 맺으면 처벌받지 않는다는 법의 빈틈을 노린 자들이 허다했습니다. 또 상류층 여성들은 처벌을 피하기 위해 율리우스법의 적용을 받지 않는 여자 포주, 여배우, 무희, 접대부 같은 직업군에 종사하고 있다고 스스로 신고했습니다. 일부 여성 중엔 상류층 여성의 옷을 벗어던지고 오직 남성들과 더 자유롭게 관계하려는 목적에서 자기 신분을 매춘부로 등록한 사람까지 있었지요. 실제로 기원전 19년 법무관 가족 출신 여성인 비스틸리아 Vistilia가 매춘부로 등록했다가 원로원 의결에 따라 처벌된 사례가 있습니다. 이후 기사계급과 원로원계급의 여성은 매춘 직업군 종사를 전면 금지했습니다(D. 48. 5. 11. 2).

로마사회는 매춘을 심하게 단속하거나 억압하지 않았고, 어찌 보면 매춘에 꽤 관대하기까지 했습니다. 매춘부 등록제 등을 통해 합법화의 길을 열었지요. 매춘을 결코 근절될 수 없는 인간본능의 한 영역으로 여긴 측면도 있어서, 매춘을 권장하진 않았지만 묵시적으로 허용했습니다. 아마도 이는 로마사회가 매춘에 대해 성도착, 정신이상, 범죄행위 등의 부정적 이미지를 덧씌우면서도, 매춘부를 통해 막대한 세금을 거두어들이는 달콤함을 포기할 수 없었던 탓도 컸을 겁니다.

로마사회는 간통죄에 대해서도 여성에게는 엄격한 잣대를 들이댔지만, 매춘을 통해 남성에게는 더 큰 성적 자유를 허락하고 여성에겐 혹독한 고립을 가하는 이중적인 태도를 취했습니다. 성욕을 인간 조건의 하나로 여겨 매춘을 용인했지만, 그 '인간'의 범주를 '남성'만으로 한정하는 우를 범했지요. 로마에서 여성이 성적 욕망을 분출할 대상을 찾으면 어쩔 수 없는 인간 본능의 한 영역이 아니라 그냥 단죄할 성적 방종으로 치부할 뿐이었습니다.

그러나 한편으로 로마의 법문을 살펴보면 이런 조항도 보입니다.

"남편이 자신은 정조를 지키지 않으면서 아내에게 정조를 요구하는 것은 옳지 않다."*

물론 그 역도 마찬가지겠지요. 현실적으로 간통죄는 남성들에게 더욱 관대하게 굴러갔지만, 로마법은 남편과 아내가 동등하게 서로에 대한 신의를 지킬 것을 권장한 겁니다.

2015년 우리나라는 간통죄를 폐지했습니다. 법적, 제도적 처벌의 대상이 아닌 지극히 사적인 영역의 문제라고 본 거죠. 누구나 성적 자기결정권은 존중받아야 한다는 쪽으로 무게가 실린 결정이지만, 초기엔 사회적 경제적 우위에 있는 기혼남성들의 성적 일탈을 법적으로 허용하는 것이라는 반발도 컸던 걸로 기억합니다. 경제적 삶의 조건이 남성과 평등하지 못한 여성은, 배우자의 간통으로 고통받으면서도 단죄도 이혼도 할 수 없는 현실 속에서 이중의 고통을 겪는다는 주장도 여전히 남아 있고요.

한평생 사랑을 찾아다니는 존재인 인간이, 한때 신뢰와 사랑으로 결합했던 그 누군가에겐 영원히 지워지지 않는 상처를 주는 이 모순을 우리는 어떻게 다스려야 할까요? 그리고 법이 관여하지 않는 영역에서도 우리가 인간성을 잃지 않으려면 정녕 어떤 태도

* 『법학제요』 '간통에 관한 율리우스법에 관하여Iulia de adulteriis'(l. 13 § 5 ad leg. Jul. de adult.).

를 가져야 할까요?

죄와 죄가 아닌 것 사이에서 간통은 여전히 욕망의 이름으로 살아남아 우리에게 되묻고 있습니다.

Periniquum videtur esse, ut vir ab uxore exigat, quod ipse non exhibeat.

페리니쿠움 비데투르 에세, 우트 비르 압 욱소레 엑시갓, 쿼드 입세 논 엑스히베아트.

"남편이 지키지 못하면서
아내에게 요구하는 것은 옳지 않다."

낳아도, 낳지 않아도 모두 산통을 겪는다

2017년 9월 30일 '낙태죄 폐지와 자연유산 유도약(미프진) 합법화 및 도입을 부탁드립니다'라는 제목으로 청와대 국민청원 및 제안이 시작되었습니다. 이 청원은 한 달 만에 대략 23만 명이 넘는 사람이 참여하며 큰 화제를 모았지요. 당시 조국 민정수석은 '낙태죄 폐지 청원'에 공식적으로 답하며 "이제는 태아 대 여성, 전면 금지 대 전면 허용식의 대립 구도를 넘어서 사회적 논의가 필요한 단계"라면서 "근래 프란치스코 교황은 임신중절에 대해서 우리는 새로운 균형점을 찾아야 한다라고 말씀하신 바 있습니다. 이번 청원을 계기로 우리 사회도 새로운 균형점을 찾았으면 좋겠습니다"

라고 말했습니다. 그런데 이에 대해 천주교회측은 '교황의 새로운 균형점'이란 표현에 즉각 이의를 제기했습니다. 2017년 11월 27일 천주교회는 '낙태죄 폐지 청원에 대한 청와대의 답변과 관련한 공개 질의'에서 "교황께서는 청와대의 발표처럼, 인공임신중절에 대해 새로운 균형점을 찾아야 한다고 말씀하신 적이 없습니다. 만일 청와대가 언급한 프란치스코 교황의 발언이 사실이라면 그 출처를 명확히 밝힐 것을 촉구하며, 그 답변을 기다립니다"라고 공식적으로 질문했습니다. 이후 한국천주교회측은 2017년 12월 3일부터 2018년 1월 31일까지 '낙태죄 폐지 반대 백만인 서명운동'을 벌여 100만이 넘는 서명지와 탄원서를 2018년 3월 22일 헌법재판소에 전달했지요.

그렇다면 우리 사회는 낙태와 관련한 문제에 대해 사회적 논의를 이어가고 공론화한 역사가 있을까요? 서로 다른 주장을 하는 사람들끼리 허심탄회하게 마주앉아 이 문제를 논의해본 적이 있던가요? 엄밀한 의미에서 우리 사회는 주장만 있지 대화는 없는 경우가 많습니다. '낙태죄 폐지'를 주장하는 쪽과 '낙태죄 폐지 반대'를 주장하는 쪽 모두 상대방의 말을 듣고 그들의 입장을 이해하며, 그 바탕에서 자신의 의견을 설명하려는 노력은 하지 않았던 것 같습니다. 오직 격렬한 '주장'과 '공방'만이 가득했지요. 그리고 결국 그 공을 오로지 헌법재판소의 몫으로 돌려 그들이 깊은 한숨과 고뇌 속에 결정문을 작성하게 한 것은 아닌가 싶습니다. 지금부터 제가

할 이야기는 가톨릭 교인의 관점이 아닌 인간 한동일의 의견입니다. 저는 가장 약한 생명이 존중받을 권리가 있다면, 그 생명을 잉태한 그보다 조금 더 강하지만 역시 존중받아야 마땅한 생명은 어떻게 보호할 것인지 우리 모두가 함께 고민할 수 있길 기다립니다.

사실 '낙태 비범죄화론'은 조국 교수가 민정수석이 되기 전, 2013년 9월에 발표한 논문에서 아주 잘 설명하고 있습니다. 조국 교수는 우선 '형법과 종교의 분리'를 이야기하면서 서구 문화에서 낙태를 어떻게 이해했는지 개괄적으로 설명합니다.

> 서구 문화의 뿌리라고 할 수 있는 그리스에서 낙태는 범죄로 규율되지 않았다. 플라톤은 40세가 넘은 여성이 임신하면 국가가 정책적으로 낙태를 해야 한다고 주장하였고, 아리스토텔레스는 적정한 가족 규모를 위한 낙태의 필요성을 주장했다. 로마법은 태아를 사람이 아니라 모체의 일부로 보았고, 낙태는 부도덕한 행위로 비난받거나 '가사재판'*에 회부되는 데 그쳤는데, 셉티미우스 세베루스Septimius Severus 황제하에서 최초로 낙태는 범죄로 규정되어 처벌되었다. 이후 로마는 태아를 사람으로 취급하고 낙태한 여성을 유배형에 처했고, 낙태를 도운 사람은 천민의 경우 광산 노역형, 귀족의 경우 재산 일부 몰수와 유배형으로 처벌했다. 반면

* 조국 교수가 언급한 '가사재판'이란 재판과 유사한 절차인 '가내 소송'을 의미한다. 13강 간통죄 편 157쪽 참조.

히브리법에서 낙태 처벌 관련 원전은 '출애굽기'인데 여기서 '자自 낙태'는 처벌대상이 아니었고, 현대 유대교 교리는 임신 지속이 임부에게 육체적 또는 심리적 해악을 초래하는 경우 낙태를 허용하고 있다. 기독교가 국교로 자리잡은 서구에서는 교회법에 따라 낙태를 살인과 동일하게 취급하였다. 중세 교회법과 독일 보통법은 잉태 후 10주 이내에 영혼이 태아 속으로 들어간다는 '영혼입주入住설'을 제시하고 있었기 때문이었다.*

그러면 이러한 맥락에서 로마법은 낙태를 어떻게 바라보았을까요?

로마인에게 인간의 탄생은 단순한 생물학적 사실이 아니었습니다. 신생아는 '태어나는 것'이 아니라 가장의 결정에 따라 '집안에 받아들여지는 것'이었습니다. 피임과 유산, 자유인으로 태어난 아이를 버리는 일과 여자 노예의 아기를 죽이는 일은 빈번했고, 법적으로도 아무런 문제가 되지 않았습니다. 하지만 이러한 관습에 변화가 생기기 시작한 것은 스토아 철학과 그리스도교가 전파되면서부터였습니다. 낙태가 윤리적으로도 바람직하지 않고 법적으로도 어긋나는 일이 되기 시작했지요.**

* 조국, 「낙태 비범죄화론」, 『서울대학교 법학』 제54권 제3호, 2013년 9월, 697~698쪽.

** 필립 아리에스·조르주 뒤비 책임편집, 『사생활의 역사 1—로마 제국부터 천 년까지』, 53쪽 참조.

'영아 유기 금지'는 그리스도교의 영향이 개별법에 반영된 대표적인 사례 중 하나입니다. 그리스도교에 바탕을 둔 자연법 사상이 개별법에 반영된 예로는 인본주의적 차원에서의 노예제도와 결혼제도 개선, 독신 장려 및 영아 유기 금지, 관용과 사면, 피난권의 도입, 채권자에 대한 채무자의 시체 압류제도의 폐지 등을 꼽을 수 있습니다. 또한 가족의 의무에 불과했던 사체 매장은 후에 모든 그리스도교인의 의무가 되었고요. 나아가 공동토지제도, 재산법 분야에서 폭리행위 및 권리남용 금지의 법리가 확립되고 증여가 새로운 법률행위로 등장하게 되었습니다.*

앞서 로마에서는 고대 관습에 따라 기혼여성이 아이를 출산하면 가장이 아이를 들어올려서 아이를 자녀로서 또 가족 구성원으로서 받아들이는 상징적인 행위를 했다고 설명했지요. 아버지가 자녀를 들어올리는 이 '톨레레 리베룸'을 하지 않으면 그 아기는 통상 문 앞이나 쓰레기장에 내다버렸습니다. 그리고 만일 출타중인 아버지가 출산한 아내에게 아이를 버리라고 명령해도 마찬가지였습니다. 그러면 누구든 원하는 사람이 버림받은 아이를 데려다 기를 수 있었어요. 이 시대 지중해 지역의 그리스인이나 로마인, 이집트인과 유대인은 태어난 자식을 단 한 명도 버리지 않고 모두 거두어 키우는 것을 오히려 기이하게 생각했습니다.

* 한동일, 『법으로 읽는 유럽사』, 67쪽 참조.

기원전 1년에 어느 그리스인은 아내에게 이렇게 썼습니다. "나는 액운을 막기 위해 나무로 만든 것을 만지고 있소! 만일 아기가 생기는 경우 사내아이면 살리고 계집아이면 버리시오." 여기서 유래한 '액운을 막기 위해 나무로 만든 것을 만진다'는 어구는 오늘날 이탈리아어에서도 '토카레 페로toccare ferro'라는 관용어로 여전히 사용하고 있는데요. '토카레 페로'는 '복수의 여신'의 분노를 달래기 위해 가까이 있는 철에 손을 대는 관습에서 유래한 것으로, 비유적으로 '부정 타지 않기를 빈다'는 의미로 사용됩니다. 가령 "영구차가 지나갔을 때, 그 소년들은 나쁜 일이 생기지 않기를 빌었다Quando è passato il carro funebre, quei ragazzi hanno toccato ferro"와 같은 문장이 바로 이러한 용례이지요.

그리스인이 나무를 만졌다면 로마인은 철을 만졌습니다. 그런데 로마인이 그리스인처럼 했는지는 알 수가 없어요. 로마인은 기형아를 낳으면 버리거나 물에 빠뜨렸습니다. 세네카는 "훌륭한 아기와 아무짝에도 쓸모없는 아기를 구별해야 한다"고 했습니다. 또한 사고를 친 딸의 아기도 버려지긴 마찬가지였습니다. 그러나 집안 형편이 너무 가난하다거나 현재의 가족들에게 그나마 얼마 되지 않는 상속재산을 고스란히 물려주기 위해서 적출자녀를 버리는 경우도 있었습니다.

다시 말해 가난한 사람들은 형편 때문에 기를 수 없는 아기를 버렸고, 중간계급이지만 사실상 빈민에 가까운 사람들도 "아이가 지위와 자질을 갖출 수 있는 훌륭한 교육을 받지 못한 채 자라나서 결국 타락하는 모습을 보고 싶지 않아" 아이를 버렸다고 플루타르코스는 쓰고 있습니다. 그렇다고 꼭 경제적으로 궁핍한 사람들만 아기를 유기한 건 아닙니다. 부유한 가정에서는 이미 유산분배가 끝난 상황에서, 새로 태어난 아기 때문에 이 문제가 복잡해지는 것을 염려해 아기를 버리는 경우도 있었다고 합니다.*

그뿐만 아니라 로마에서는 오늘날처럼 가끔 화장실에서 출산하여 신생아를 유기하는 사건이 벌어졌습니다. 기원전 1세기 활동한 로마의 시인이자 철학자인 루크레티우스Titus Lucretius Carus는 저서 『사물의 본성에 대하여De natura rerum』에서 화장실에 관해 언급하는데요. 바로 이 책에 뜻하지 않은 임신을 하게 된 여자들, 로마인들은 이른바 '메가이라 여신의 저주를 받았다'고 표현한 여자들이 공공화장실에다 아기를 몰래 버리러 오곤 했다는 이야기가 쓰여 있습니다. 당시 갓 태어난 신생아를 변기통에 내다버리는 끔찍한 일이 왕왕 일어났다는 거죠.**

이렇게 부유한 가정의 아기는 유산 상속 문제로 진짜 죽이기 위해서 버렸고 가난한 집안의 아기는 사회, 경제적인 이유에서 버려졌습니다. 그래서 가난한 집안의 아기는 어머니가 남편 모르게

---

* 필립 아리에스·조르주 뒤비 책임편집, 『사생활의 역사 1—로마 제국부터 천 년까지』, 54~55쪽 참조.

** 제롬 카르코피노, 『고대 로마의 일상생활』, 115쪽 참조.

이웃이나 아랫사람에게 맡겨 몰래 키우도록 하는 경우도 있었습니다. 화장실에 버려진 아이는 불임인 여자들이 몰래 데려다 자기 자식인 양 키우곤 했고요. 이렇게 남의 집에서 자란 아이는 길러준 사람의 노예가 되었는데, 양부모 역할을 한 사람들이 아이를 노예 신분에서 풀어주기도 했습니다.

로마에서 아기를 버리는 행위는 합법적이고 신중하게 생각해서 내리는 결정으로 어떤 원칙을 선언하는 행동이었습니다. 가령 아내의 부정을 의심하는 남편은 아기가 자기의 씨가 아니라고 생각하면 버리기로 결정했습니다. 여기에는 핏줄보다는 가문이 더 중요했던 로마인의 가부장적인 모습이 자리잡고 있지요.

로마에서 유산과 피임은 꽤 흔한 일이었습니다. 로마에서는 어떤 여인이 갖고 싶지 않은 자식을 떼어버리는 생물학적 순간을 별로 중시하지 않았습니다. "출생 전 태아는 모태의 일부Partus, antequam edatur, mulieris portio est vel viscerum"*일 뿐 사람이 아니라고 생각했으니까요.

낙태의 윤리적 문제는 인간의 생명이 언제부터 시작되느냐 하

---

* 『학설휘찬』 '복부를 검사하다Inspicere ventrem'(ULP. l. 1 § D. de inspic. ventre. 25. 4). 복부를 검사한다는 것은 임신 여부를 조사하는 것이다. 이혼한 남녀 사이에 임신 여부에 관한 다툼이 있을 때, 즉 전남편의 주장과 달리 전처는 임신했다거나 임신하지 않았다고 주장하는 경우에 이 조치가 실행되었다. 남편이 사망한 후 아내가 임신했다고 주장하나 임신 허위 주장에 대한 합리적 의심이 있는 경우에도 마찬가지였다. 아이의 바꿔치기를 막기 위하여 분만을 감시하는 유사한 제도로 '출산을 감시하다custodire partum'가 있다. 산파의 조력을 얻어 수행되는 이 절차는 법무관 고시에 상세히 규정되었다.

는 질문에서 시작합니다. 그럼 인간 생명의 시작을 태아 시기부터라고 생각한 사람은 누구일까요? 인간의 생명을 태아 시기부터 고찰하기 시작한 사람은 바로 아리스토텔레스입니다. 그는 인간 생명의 시작을 '수태의 순간'부터로 보았습니다. 또한 자궁 속의 태아가 어느 정도 형태를 갖추는 시기에 영혼이 불어넣어진다고 믿었고, 이 시기를 남자아이의 경우는 수정 후 40일, 여자아이의 경우는 90일로 보았습니다.

아리스토텔레스의 이 같은 학설은 교회 신학자들에게 많은 영향을 미쳐서, 이때부터 거의 대부분의 신학자들, 특히 토마스 아퀴나스 같은 학자는 수정란이 일정한 성장 단계에 이른 후에 이성적 영혼이 주입된다고 믿기 시작했습니다. 이전의 배아는 식물적이고 동물적인 성격의 생명만을 갖고 있을 뿐 영혼 주입 시기는 수태 후 대략 6주라고 보았지요. 이 학설은 오랫동안 가톨릭 신학자들이 믿어왔던 내용인데, 최근에 와서는 잉태된 순간부터 인간의 영혼이 주입된다고 주장하기 시작했습니다.* 가톨릭 신학자들의 이런 신념 때문에 오늘날 일부 유럽국가에서 적용하는 '기간 방식Fristenlösung'은 전혀 고려되지 않고 있지요. 기간 방식이란 임신 12주 이내의 낙태, 임신 12~24주까지의 낙태, 임신 24주 이후의 낙태를 구분하고 요건을 차별화하는 정책을 말합니다. 물론 여

* 한국가톨릭대사전 편찬위원회, 『한국가톨릭대사전 2』, '낙태', 한국교회사연구소, 2006, 1295쪽 참조.

기에도 "태아의 생명을 2등급의 생명으로 차등 취급하는 발상"이라는 비판도 제기되고 있지만요.*

현대의 이탈리아법에서는 1978년 5월 22일 제194호 법률에 따라 임신 4개월과 5개월 사이에는 의료적 이유가 있어야 낙태가 가능하고, 90일 이내는 산모의 심리적, 신체적 건강상의 이유나 사회, 경제 또는 가정 조건과 관련하여 심각한 위험이 있을 경우 자발적 임신 중절이 가능하다고 명시합니다.

로마의 여러 사료에는 매춘부를 비롯한 로마 여성들의 피임에 대한 언급이 나옵니다. 원치 않는 출생을 예방하거나 해결하는 방법은 여러 지역의 여성들이 서로 크게 다르지 않았던 것 같습니다. 가장 오래되고 잔혹한 방식이 영아 살해와 유기였고요. 그 밖의 방법은 대개 미신과 연관된 것이었습니다. 1세기 대大플리니우스는 절개된 거미의 머리에서 뽑아낸 액이나 수사슴의 가죽으로 덮인 부적을 처방했습니다. 그로부터 5세기가 지난 뒤, 유스티니아누스 황제가 재위했을 땐, 왼쪽 발이 묶인 고양이를 임신한 사람의 간 근처에 두거나 암사자의 자궁에 손을 넣는 방식을 낙태 방법으로 권장했습니다.

한편 트라야누스 황제 치세 중 에페수스의 저명한 의사였던 소라노는 당시까지 명확하지 않았던 피임법과 낙태법의 차이를 최

* 조국, 「낙태 비범죄화론」, 717~718쪽.

초로 정의했습니다. 소라노는 부적과 같은 근거 없는 낭설을 거부하고 정액의 운동을 저지하기 위한 일종의 질내삽입약을 사용하라고 권고했답니다. 사실 배란주기를 정확히 몰랐던 대부분의 고대인들은 여성이 생명의 근원인 남자의 정액을 받는 그릇이라는 그야말로 그릇된 생각을 갖고 있었지요.*

그럼 순수하게 법적 관점에서 로마법은 낙태를 어떻게 이해했을까요? 낙태를 유발하는 행위를 직접적으로 실행했을 경우에는 범죄가 되었는데, 예를 들면 유산을 위해 '낙태약poculum abortionis'을 사용했을 때입니다. 그러나 애당초 고전기에 낙태는 비윤리적인 행위이긴 했지만 위법한 행위로 간주하진 않았습니다.

그러다 원수정기에 안토니누스 피우스Antoninus Pius와 셉티미우스 세베루스Septimius Severus 황제가 '황제의 칙법Constitutiones principum'으로 두 가지 형벌을 도입했습니다. 낙태한 여성은 형법상 추방했고, 여성에게 유산을 위한 낙태약을 제공했다가 여성을 사망에 이르게 한 자는 사형으로 처벌했습니다. 그 외엔 재산몰수형과 함께 '섬으로 유배'를 보냈고요. 단 여성의 신분이 낮은 계층 출신이라면 광산 노역형을 부과하는 데 그쳤습니다. 낙태를 범죄로 규정한 건 유스티니아누스 황제 때로서 그리스도교의 영향으로 법제화되었습니다.**

* 임웅, 『로마의 하층민』, 107~108쪽 참조.

** Cfr. F. del Giudice, op. cit., pp.15~16.

그렇다면 그리스도교 윤리가 유럽의 중심적 토대가 된 다음에는, 유럽인들이 '영아 유기 금지'를 과감하게 제재했을까요? 이것을 유추하기 위해서는 18세기 음악가 안토니오 비발디에 대해 잠시 이야기해야만 합니다.

1703년 사제 서품을 받은 비발디는 1년 동안 사제생활을 한 끝에 병을 얻어 피에타 병원 부속시설의 바이올린 음악 선생으로 임명됩니다. 이탈리아어로 '피에타pietà'는 '자비, 연민'이라는 뜻인데요. 원래 고아원이나 위탁소 같은 자선기관을 일컫는 말이었습니다. 비발디가 임명된 곳은 그 시설이 병원에 딸려 있다고 해서 '피에타 병원'이라고 불렸습니다.

이 시설은 주로 혼외자의 자녀인 사생아나 극빈층 가정의 아이들, 장애인 어머니에게서 출생한 아이들과 고아를 맡아 보살폈습니다. 엄청난 수의 아이들이 이 시설에서 돌봄을 받았는데 한 시설에 여자아이만 6천 명가량이 수용되었다고 해요. 그런데 당시 베네치아에는 여자아이만을 위한 대형 수용시설이 네 군데 더 있었습니다. 그럼 다른 시설에 머무는 남자아이와 여자아이들의 수까지 합하면 도대체 수용 아동이 얼마나 많을까 가늠이 안 될 정도입니다. 정확한 인구 통계가 집계되기 시작한 1871년 이탈리아 베네토주의 전체 인구가 대략 220만 명 정도인데요. 이 가운데 베네치아의 인구를 따지면 그 수는 더 적습니다.*

그런데 안토니오 비발디가 살았을 당시엔 이 통계보다도 훨씬 더 인구가 적었을 텐데 이렇게 많은 아이들이 시설에 수용되었다는 것이 의문스럽지요. 이 시설의 건립 목적을 살펴보면 더 놀랍습니다. 당시 갓 태어난 많은 아이들이 베네치아 수로에 버려져 시체로 발견되었기 때문에 버려진 아기들의 죽음을 막기 위해 이 시설이 건립되었다고 합니다. 통상 17세기나 18세기는 현재보다 성윤리나 도덕이 더 엄격했을 것 같지만, 실제로 그렇지는 않았던 것 같습니다.

이건 여담이지만, 이탈리아에 가서 사람들이 바글거리는 유명 관광지 말고 경치 좋은 곳을 찾으려면 어떻게 해야 하는지 아시나요? 장애인 시설이나 어린이 병원 같은 복지시설이 있는 곳을 찾으면 된답니다. 이탈리아는 경치가 빼어난 곳에는 호텔도, 골프장도, 카페도 아닌 장애인 시설이나 어린이 병원을 짓습니다. 넉넉한 주차장은 덤이요, 수려한 자연경관이 보이는 곳에서 치료받고 요양할 수 있으니까요. 장애인 시설 하나만 지으려 해도 그 지역 주민이 온통 들고 일어나 설립 계획이 무산되거나 더딘 진행을 보이는 우리나라의 현실을 생각하면, 한 사회가 어떤 철학에 기반해 있느냐에 따라 똑같은 문제라도 해결방식은 천차만별임을 느낍니다.

'낙태'를 풀어가는 우리 사회의 논의는 이제야 첫 단추를 꿰었

* Statistiche Domografiche; http://www.tuttitalia.it/veneto/statistiche/

습니다. 종교의 유무에 따라 생각이 다르고, 종교를 가진 사람들도 저마다의 신념이 다릅니다. 또 종교를 갖지 않은 사람이 낙태에 대해 훨씬 보수적인 생각을 가질 수도 있지요. 낙태죄를 폐지하든 존치하든 이 수많은 다른 목소리 속에서 상대를 경멸하거나 악마로 몰아가지 않고, 상대편의 입장을 듣고서 가장 평화적이고 합리적인 합의를 이끌어낼 때, 우리 사회는 한 발 더 나은 사회로 갈 수 있으리라 믿습니다.

'베를린 돔'이라 불리는 베를린 대성당은 당연히 가톨릭 교회라고 생각하기 쉽지만 사실은 독일 개신교 교회입니다. 그도 그럴 것이 이 교회는 처음엔 교황의 명으로 건립된 가톨릭 성당이었습니다. 건축양식도 그렇고 각종 성상과 성체를 보관하는 감실龕室, 가톨릭식 제단도 그대로인데, 이는 종교개혁 때 가톨릭 교회의 전통을 유지하는 선에서 개혁을 추진했던 루터교에서 이 교회를 소유했기 때문입니다.

그런데 베를린 돔 안에는 한 가지 흥미로운 점이 있습니다. 보통의 가톨릭 교회 내부에는 베드로나 바오로, 요한 같은 성인의 동상이 세워진 경우가 많은데, 이곳엔 마르틴 루터, 장 칼뱅, 울리히 츠빙글리 등 종교개혁을 이끈 인물들이 있습니다. 오늘날의 개신교 교회에서도 가톨릭 교회에서도 절대 볼 수 없는 모습이지요. 한 공간 안에 숨쉬듯 자연스럽게 자리잡은 두 종교의 역사를 보면서 저는 소통과 스며듦의 가치에 대해 생각합니다.

결코 서로 어울릴 수 없을 것 같은 사람이나 의견에도 반드시 교집합이 있습니다. 인간의 관계도 사고도 오직 적과 내 편의 이분법으로만 나뉘지는 않습니다.

낳아도, 낳지 않아도 여성들은 산통産痛을 겪습니다. 여성의 뱃속에 있는 아기가 약자라면, 원치 않는 임신을 한 여성도 약자입니다. 우리는 짐승이 아닌 인간이기에, 그들 모두를 위한 길을 찾아낼 수 있으리라 믿습니다.

Ius obtinendae observantiae pro vita debilissimorum.

유스 옵티넨대 옵세르반티애 프로 비타 데빌리스시모룸.

"가장 미약한 생명의
존중받을 권리."

다른 사람의 인생에 치욕을 주어 상처 입히지 말라

사람들은 왜 범죄를 저지를까요? 한 세기 전 이 문제에 천착한 사람들은 생물학적으로 '범죄형 인간'이 있다고 믿었습니다. 1870년에 활동한 이탈리아의 범죄학자 체사레 롬브로소Cesare Lombroso는 범죄 유형을 해부학적 특징에 따라 구분할 수 있다고 자신했습니다. 그는 두개골과 이마의 털, 턱의 크기와 팔 길이 같은 범죄자들의 외모와 신체적 특징을 연구해 그들은 격세유전隔世遺傳, atavism*의 특성을 보인다고 결론지었습니다. 즉, 범죄자들은 초기 인류

* 선대의 체질이나 성질이 몇 대 이후의 자손에게서 다시 발현되는 현상.

진화 과정에서부터 물려받은 특성을 보인다는 것입니다. 물론 롬브로소의 학설은 아무런 근거가 없기 때문에 완전히 폐기되었습니다.*

그렇다면 무엇이 범죄일까요? 어떤 행동이 범죄인지 아닌지는 사회제도에 따라 달라지기 때문에 사회학적인 연구가 필요합니다. 사회 구성원 간의 합의가 법을 만들기 때문에, 합의하에 법으로 규정한 것을 달리 논의하여 개정하면 범죄가 되지 않을 수도 있습니다. 가령 현행법상 낙태는 범죄이지만 사회 구성원 간의 합의로 사회적, 경제적 이유에 따른 낙태는 범죄가 아니라고 규정한다면 범죄가 아니게 되는 것이죠. 그러므로 우리는 과거에는 어떤 행동을 범죄로 규정했는지, 무엇이 범죄였고 아닌지에 대해, 그리고 그것이 왜 범죄로 규정되었고 그 범죄를 어떻게 처벌했는지에 대해 먼저 꼼꼼히 살펴봐야 합니다.

살인죄—가죽부대에 뱀, 수탉, 개와 함께 사형수를 넣고 물에 던지다

예나 지금이나 범죄 가운데 가장 무거운 범죄는 '살인죄crimen homicidii'입니다.

살인자parricidas의 기원과 정의는 누마 폼필리우스Numa Pompilius

* 앤서니 기든스, 『현대사회학』, 김미숙 외 옮김, 을유문화사, 2018, 896쪽.

(기원전 750~673년) 왕이 법을 제정할 때 만들어졌다고 전해집니다. 왕이자 신관이었던 누마 폼필리우스는 종교의례를 제도화했으며, 의례가 정확한 때에 치러지도록 달력을 정비한 인물입니다.* 그는 살인을 '고의적인 살인homicidium volontarium'과 '과실치사homicidium involontarium'로 구분했습니다.

과실치사는 어떤 실수나 잘못으로 인해 사람을 사망이나 상해에 이르게 하는 행위로서, 살해 의도나 악의가 없이 벌어진 일종의 사고입니다. 과실치사로 사람이 죽은 경우, 가해자는 회합에 모인 사람들 앞에서 희생자의 종친회aganati에 숫양 한 마리를 제공했습니다.

반면 고의적 살인인 경우 "어떤 이가 알면서 악의로 자유인을 살해했다면, 그는 살인자가 될 것이다Si qui hominem liberum dolo sciens morti duit, paricidas esto"라고 분명하게 규정했습니다. '알면서 악의로dolo sciens', 즉 '고의로volontarium' 살인을 저지른 자는 사형을 선고했지요.

로마에서 살인범에 대한 사형은 가죽부대에 사형수를 넣고 묶은 다음 물(바다)속에 던지는 것으로 집행했습니다. 경우에 따라서 이 가죽부대에 살아 있는 뱀, 수탉, 개, 원숭이 같은 동물들을 함께 넣었다고도 합니다. 이 가죽부대culeus는 원래 액체류나 술

* 필립 마티작, 『로마 공화정』, 박기영 옮김, 갑인공방, 2004, 27쪽.

을 최대 400리터 정도로 담을 수 있는 용기였는데요. 이런 형벌을 '피대익살형皮帒溺殺刑, poena cullei'이라고 불렀습니다. 존속살해범을 처벌할 때도 이 가죽부대를 사형도구로 썼지요. 기원전 55년 또는 52년 '존속살해에 관한 폼페이우스법Lex Pompeia de parricidio'은 '존속살해parricidium'의 범주를 부모, 조부모, 자녀, 손자 손녀, 형제, 백부와 숙부, 배우자 또는 약혼자, 기타 일정 범위의 친족 살해까지로 확대했습니다. 존속살해에 관한 폼페이우스법은 사형의 집행 방식도 피대익살형에서 수화불통형으로 대체했습니다. 수화불통형이란 물과 불의 사용을 금하는 형벌입니다. 수화불통에 대해서는 2강 '특권과 책임'에서 자세히 이야기했지요(36~38쪽 참조). 물과 불을 사용하지 못하게 하는 형벌은 형사소송 절차가 개편된 원수정 초기에 사라졌습니다(D. 48. 22).

일반적으로 살인은 사형에 처해졌습니다. 하층민의 경우, 십자가형이나 맹수형으로 집행되었고요. 처형은 특별히 감옥 내 집행이 명령되지 않은 이상 통상 공개적으로 집행되었습니다. 단, 여성 사형수의 처형은 비공개로 진행되었어요. 처형은 최종판결 이후 지체 없이 집행되었는데, 이때도 임신부는 출산 시까지는 형 집행이 연기되었습니다.

위변조죄—위조화폐와 유언증 조작을 색출하라!

위변조죄를 뜻하는 '팔수스falsus'는 영어의 '펄스false'를 연상하면 되는데, 위조하거나 변조한 재료를 통해 대중의 신뢰를 기망하는 행위를 말합니다.*

형사법에서 '팔숨falsum'은 모든 유형의 위변조를 포괄합니다. '팔숨'에 대한 기본 법률은 고대 로마제국의 집정관이자 장군이었던 실라Lucius Cornelius Silla가 기원후 81년에 공포한 '위작에 대한 코르넬리우스법Lex Cornelia de falsariis'입니다. 이 법률은 유언증서의 위조와 화폐위조를 규율하여 '유언증서 내지 화폐 관련 코르넬리우스법Lex Cornelia testamentaria nummaria'이라고도 불렀습니다. 유언증서의 파기나 은폐, 유언 내용의 교체, 봉인 조작 등이 위죄僞罪, crimen falsi로 처벌되었습니다.

나아가 유언증서 외의 문서 위조, 위증, 황제 문서(서한epistulae, 비답批答, rescripta: 황제가 상소문 말미에 적는 가부의 대답)의 위조에 대하여 코르넬리우스법은 처벌 범위를 확장했는데요. 화폐와 관련해서 코르넬리우스법은 다양한 종류의 위조와 고의로 위조화폐falsa moneta를 통용시킨 데 대한 형벌을 규정했습니다.

후에는 현행법을 침해하려는 의도로 부당한 판결을 내리는 것, 심판인에게 뇌물을 주는 행위나 심판인이 그 뇌물을 받는 행위, 형사사건에서 기소나 유죄판결 취소의 원인이 되는 뇌물수수, 위증 또는 증인 협박 등에도 코르넬리우스법이 적용되었습니다. 또

* F. del Giudice, op. cit., p.140.

한 국고 수락 거절, 공무원 자격 '모용冒用'*, 도량형을 속이는 것 등도 포함되었습니다. 코르넬리우스법의 다양한 형벌 중 주된 형벌은 수화불통이었으며, 중죄에 대해서는 유배 또는 사형이 선고되었습니다.

명령불복종죄—소환 불응은 법정 모독 행위다

군사상 명령불복종을 의미하는 '콘투마치아contumacia'는 원래 일반적으로 정무관, 특히 법무관 또는 심판인의 명에 따르지 않거나 답변하지 않는 등의 법정 모독 행위를 가리킵니다. 소환명령을 받고 출두하지 않거나 소환명령을 피하려고 숨는 것도 여기에 해당되지요. 요즘 우리나라에선 재벌이나 정치인들이 소환명령을 받으면, 건강상의 이유나 일신상의 이유를 들어 끝까지 회피하거나 소환을 지연시키는 경우들을 자주 볼 수 있는데요. 로마에서라면 이는 '법정 모독 행위'로 여겨져 엄벌에 처해졌습니다.

명령불복종은 '명령 위반'이라고도 불렸는데요. 이것이 곧 군사상 명령불복종을 의미하는 단어로도 사용되었습니다. 군사령관 또는 군사 작전 중의 속주 총독에 대한 명령불복종은 즉각 사형에 처했습니다. '항명抗命'을 뜻하는 '페투란티아petulantia'는 가장 중대한 명령불복종이었습니다. 예를 들면 상관에게 신체적 공격으로

* 어떤 사안에 대하여 위력을 행사하거나 방해공작을 할 목적으로 다른 사람의 지위를 허위로 기재하여 권리, 의무 또는 사실 증명에 관한 문서를 작성함으로써 성립하는 죄를 말한다.

대항했을 때가 이런 경우인데요. 이때 항명의 대상이 된 상관이 고위 장교라면, 바로 사형이 언도되었습니다.

절도죄—나의 이익을 위해 타인의 물건에 손대는 그 모든 행위

로마의 절도furtum는 현대의 절도 개념보다 훨씬 광범위했습니다. 횡령 및 배임도 절도에 해당한다고 보았지요. 고전시대에 절도는 타인의 물건을 가져가는 것뿐만 아니라, '이익을 얻기 위해lucri faciendi, lucrandi causa' 타인의 물건에 손대는 그 모든 의도적인 행위를 포함하는 것이었습니다. 이처럼 절도에 대한 넓은 정의 때문에 단순 절취뿐만 아니라 타인 물건의 매각, 채권자의 위임 없이 타인의 채무자에게 변제금을 수령하는 것, 소유자를 모르거나 소유자와 합의하지 않은 채 타인의 물건을 사용하는 모든 행위를 절도에 포함시켰습니다.

절도의 대상은 (비록 반대 견해가 있었지만) 동산動産에만 해당되었습니다. 그런데 자유인의 아들과 아내도 '몰래 훔쳐 가질 수(절취竊取)' 있는 것으로 보았다는 게 특이합니다. 반면, 아직 상속인이 소유하기 전의 상속재산, 물건의 소유자가 없는 경우에는 절도로 보지 않았습니다. 고전기 법에서는 이런 물건은 '무주물無主物'로 간주했습니다. 오직 남의 물건에 손대는 것ontrectatio만을 절도로 인정했지요. 그 이유는 어떤 사람이라도 "악의 없이 절도를 범할 수는 없기 때문quia furtum sine affectu furandi non committitur"*이었습니다. 사료에서는 이것을 '절도의사animus, affectus furandi'라고 불렀는데요. 반면 어떤 사람이 그 물건을 자기 것으로 착각하거나 또는 물건 소유자의 동의를 얻었다고 착각하고 취득했을 땐 절도가 성립하지 않았습니다.

강도죄—천하의 파렴치범

강도는 절도의 일종입니다. 그러므로 오직 동산만이 강도의 대상이 될 수 있었습니다. 강도는 사적 불법행위delictum여서 오직 피해자의 청구를 통해서만 법무관의 벌금 소권인 '폭력으로 절취한 재산에 관한 소권actio vi bonorum raptorum' 아래 피소될 수 있었습니다. 만일 강탈 후 1년 내에 소訴가 제기되면 피고가 원고에게 훔치거나 빼앗은 물건의 4배액을, 1년이 경과하면 1배액의 벌금을 지불해야 했습니다. 그리고 유책 판결을 받은 강도는 파렴치자로 규정했습니다.

재물손괴죄—재산상의 손해는 최고가액으로 배상한다

기원전 286년 발효된 아퀼리우스법Lex Aquilia은 재물의 위법한 파괴나 훼손에 대한 손해배상을 짧은 세 조문으로 나누어 포괄적으로 규율했습니다.

---

* 『법학제요』(I. 4. 1. 7).

우선 제1조는 노예와 네발 달린 가축을 위법하게 살해했을 때 최근 1년간 거래된 노예나 가축의 최고액을 배상하도록 정한 것입니다. 제2조는 증거 확보를 위해 나선 공동채권자가 채권의 침해를 규정하면 채무자가 채무액만큼 바로 배상토록 했습니다. 제3조는 생물이든 무생물이든 유체물을 위법하게 불에 태워 없애거나 깨뜨려 헐어버리거나 찢어 없앴을 때는, 최근 30일간 그 물건이 거래된 최고가액을 배상하도록 정했습니다.

로마법에서 손해를 의미하는 '담눔damnum'이라는 단어에는 여러 의미가 있습니다. 먼저 가해에 대한 속죄금을 말하는데, "절도에 대한 속죄금을 지불하고 화해하다pro fure~ decidere"라는 관용어가 있을 정도입니다. 또하나는 손해 자체를 의미했습니다. 일반적인 손해와 불이익 또는 계약위반이나 불법행위 때문에 생긴 재산상 손해, 손실, 침해까지를 모두 포괄하는 말이었습니다. '담눔'은 좁은 의미에서 기존의 재산 손실에 한정되나, 넓은 의미로는 해당 사건이 벌어지지 않았더라면 피해자가 벌어들였을 거라 기대하는 수입인 '일실이익'까지도 포함했습니다.

인격침해—타인의 평판을 부당하게 깎아내린 죄

다음으로는 인격침해iniuria에 대한 몇 가지 기록을 살펴보겠습니다.

"울피아누스 고시 56권에서 위법행위는 법을 어기게 된(법대로

하지 않은) 것이라고 말했다. 즉 법대로 하지 않은 것은 모두 위법 행위가 되는 것이다. Ulpianus libor quinquagensimo sexto ad edictum Iniuria ex eo dicta est, quod non iure fiat: omne enim, quod non iure fit, iniuria fieri dicitur."(D. 47. 10. 1)

"신체를 구타하거나, 품행을 조롱하거나 어떠한 치욕으로 다른 사람의 인생에 상처 입히는 것이 인격권 침해다."*

12표법, 법무관 고시, 인격권 침해에 관한 코르넬리우스법 Lex Cornelia de iniuriis, 그후 제국의 칙법까지도 이렇게 신체적 상해 iniuria re facta 뿐만 아니라 타인의 평판을 부당하게 깎아내리는 것까지도 인격권 침해에 포함시켰습니다. 특히 로마시민의 명예는 법무관법의 인격권 침해 소권 actio iniuriarum 으로 보호했습니다.

인격권 침해는 피해자가 직접 소를 제기해야 하는 사적인 불법 행위였는데요. 처벌은 시기에 따라 달라서 12표법의 정액벌금인 '금전적 배상'부터, 침해의 중대성과 가해자의 사회적 지위에 따라 태형(죄인의 볼기를 작은 형장으로 치던 형벌), 편형鞭刑(매로 치는 형벌), 추방형 등의 가중 처벌까지 있었습니다. 금전적 배상의 배상액은 큰 재량을 가진 심판인이 피해자의 평판과 사회적 지위, 위신 등을 고려하여 결정했습니다. 인격권 침해 소권에서는 원고 자신이 스스로 손해배상액을 제시할 수도 있었고, 심판인은 '선善

* 키케로, 『헤렌니우스를 위한 수사학 Rhetorica ad Herennium』 4. 25.

과 형평bonum et aequum'에 따라 배상액을 선고했습니다. 하지만 원고가 청구한 금액보다 판결액이 더 높을 순 없었습니다.

인격권 침해 소권은 아들이 손해를 입은 경우 가부에게, 노예가 피해자인 경우 그 주인에게 부여했습니다.* 실생활에서 가장권에 속한 노예나 어린이가 일으킨 절도피해나 인격침해에 대한 청구는 가장에게 회부되었고요. 이는 가장이 단독으로 가산에 대한 청구를 들어줄 수 있는 지위에 있기 때문이었습니다. 12표법에는 누군가 죄를 저질러 피해자가 발생했을 때, 손해배상을 하거나 가해자를 피해자 또는 가장권에 인도하는 '가해자 인도noxae deditio'라는 두 가지 선택지가 있었습니다. 이렇게 인도된 가해자는 피해자의 노예가 되었습니다.

또한 정무관에게 곧장 가지 않고도 조치를 취할 수 있는 몇몇 구체적 상황들도 있었답니다. 12표법에 따르면 가장이 야간절도범을 잡았거나, 낮이라도 도둑이 체포에 항거한다면 지체 없이 그 도둑을 죽일 수 있었습니다. 그러나 대개 직접 행동하기 전에 법원의 판결을 구했지요. 그리고 몸에 심각한 부상을 입었을 경우에는, 범죄자와 피해자가 당사자들끼리 적당한 돈을 지불해서 합의에 이르도록 권장했습니다.

합의에 실패하면 12표법은 '동해보복법同害報復法', 즉 저지른 죄

---

* 『법학제요』(I. 4. 4); 『학설휘찬』(D. 47. 10); 『칙법전』(C. 9. 35).

보다 더하지도 덜하지도 않게끔 딱 똑같은 형태로 가해자에게 공정하게 보복하는 것을 법으로 인정했습니다. 이는 피해자가 부상당한 정도 안에서 보복할 수 있음을 의미했는데요. 이러한 보복 가능성은 당사자들이 합의에 이르도록 최선의 노력을 기울이게끔 자극했고, 동해보복법은 결국 범죄자의 가족이 속죄금을 지불할 능력이 없거나 지불을 거절한 경우에만 행사되었습니다. 경미한 부상에는 보복이 허락되지 않았으며 정해진 금액을 보상하도록 규정했고요.

이 '동해보복법'이라는 개념이 다소 낯설다면 '눈에는 눈, 이에는 이'라는 문장을 떠올려보면 금방 감이 올 거예요. 오늘날 루브르 박물관이 소장하고 있는 함무라비 법전에 이것과 매우 흡사한 문장이 나옵니다. 함무라비 법전은 기원전 1750년 사망한 바빌로니아의 함무라비 왕이 제정 공포한 것으로, 정당한 형벌에 대해 광범위한 원칙에 기초하여 통치자가 행동규범을 제시한 첫 사례로 손꼽힙니다. 함무라비 법전은 시민과 비시민(노예 포함)을 철저히 구분한 최초의 완전한 법률집이었습니다.

법전은 모든 항목에 동등한 '탈리오의 법칙Lex talionis', 즉 '동해보복형'을 적용했는데요. 흔히 현대인들은 '눈에는 눈, 이에는 이'를 가해자가 저지른 죄만큼 정확히 똑같은 죗값을 치르게 한 법률로 인식하지만, 사실은 '피해자와 가해자의 법률적 신분'이 고려되었습니다. 예를 들어 자유민이 다른 자유민의 눈을 멀게 했으면 그의 눈을 뽑는 처벌을 내리지만, 신분이 한 단계 낮은 평민이 피해자라면 벌금만 내면 그만이었습니다. 또 노예가 노예를 해쳤다면 벌금액이 줄어들고 노예의 주인이 대신 돈을 냈습니다. 그러나 낮은 신분의 사람이 높은 신분의 사람을 해쳤다면 반대로 처벌이 갈수록 엄중해졌습니다. 사람의 신분에 따라 처벌이 다르게 이루어진 것입니다. 개인적 보복에 방점을 찍고 있지만 인간으로서의 개인을 강조한 최초의 시도로 평가되는 함무라비 법전은, 손해나 신체손상에 대한 탈리오의 법칙을 보완하고 배상에 대한 경제적 형식인 금전적 배상의 필요성을 인정하여 개정했습니다. 그리고 그에 이어 등장한 로마의 12표법은 함무라비 법전을 포함한 이전의 법에서 받은 영향을 전격적으로 수용해 비로소 '제도와 절차로서의 법'이라는 형태를 갖추게 되었습니다.*

* M. Flores, *Storia dei diritti umani*, Bologna: Mulino, 2008, p.14.

Iniuriae sunt, quae aut pulsatione corpus, aut convicio mores, aut aliqua turpitudine vitam alicuius violant.

인유리애 순트, 쾌 아우트 풀사티오네 코르푸스,
아우트 콘비치오 모레스, 아우트 알리콰 투르피투디네
비탐 알리쿠유스 비올란트.

"신체를 구타하거나, 품행을 조롱하거나,
어떠한 치욕으로 다른 사람의 인생에
상처 입히는 것이 인격권 침해다."

_키케로

"우리는 서로 사랑하지 않고 모여 살다가 눈물 흘리는 사람도 없이 죽어간다"

로마인들은 법이 발전해가는 과정의 점진적 흐름을 끊는 급격한 변화는 시도하지 않았습니다. 침착하지 못한 실험, 급진적인 개혁의 열망, 그리고 '처음부터 다시 시작하는 것von vorn Anfangen'은 로마인들의 취향에 맞지 않았지요. '법의 결함Mißstände im Recht, Abuses in the law'은 결국 없앴지만, 조금 망설이듯이 느긋하게 이루어졌습니다. 로마인들은 어떤 법체계가 일단 정립되면 그것이 좋든 나쁘든 그 체계를 포기하는 것을 무척 어려워했고, 함부로 법을 뒤흔드는 것을 내켜하지 않았습니다. 로마인들은 또 외국 법제도의 영향도 쉽게 받아들이지 않았습니다. 한마디로 법을 집행하고 지키는 로마인들의 모습을 보면 뚝심 있고 묵직하고 느긋하며 어찌 보면 조금 내성적인 면모마저 느낄 수 있지요.

그런 특성을 고려해보면 로마법에서 '모든 법률은 영구히 효력을 가진다는 원칙하에 신법新法으로 구법舊法을 폐지할 수 없었다'는 점을 이해할 수 있을 것입니다. 이를 '사면에 대한 통상 조항 caput tralaticium de impunitate'이라고 불렀는데요.* 이는 구법에 제정된 규정을 위반한 사람을 신법의 기준으로 처벌하지 않겠다는 것을 보장한 내용입니다. 아마도 이는 아테네의 법률 폐지에 관한 절차에서 영향을 받았는지도 모르겠습니다. 아테네에서 법률 폐지란 대체 입법을 도입하는 것을 의미하며 단순하고 완전한 폐지란 있을 수 없었습니다. 그리스인들은 법(노모스nomos)을, 그 법의 적용을 받는 사회 구성원들이 대체로 타당하게 여기는 규범으로 이해했죠. 따라서 어떤 법을 무조건 폐지한다는 것은 그 법이 적용되는 해당 분야가 건전한 진보를 하지 못하고 야만적인 상태로 퇴보하는 것이라고 믿었습니다.**

그렇다면 서양 법제사에서 법률의 폐지와 개정은 언제 이루어졌을까요? 서양 법제사에서 법률의 폐지와 개정은 '특별법이 일반법을 개정한다'는 '특별법 우선의 원칙'하에 이루어졌습니다. 이런

* cfr. F. del Giudice, op. cit., p.16.

** 권창은·강정인, 『소크라테스는 악법도 법이라고 말하지 않았다』, 고려대학교출판부, 2005, 43쪽 참조.

원칙이 사용되기 시작한 것은 1140년경 편찬된 『그라치아노 법령집Decretum Gratiani』에서부터인데요. 그라치아노는 천 년간 내려온 방대한 로마가톨릭교회의 교회법 내용을 정리하면서 '모순되는 교회법 조문들과의 조화'를 위해 '특별법 우선의 원칙'과 '신법 우선의 원칙'을 법전 편찬의 기준으로 제시했습니다. '신법 우선의 원칙'이란 '나중의 법이 먼저의 법을 개정한다'는 뜻입니다. 이런 교회법전의 편찬 기준은 이후 일반 시민법전을 편찬할 때도 적용되었습니다.*

그라치아노는 로마가톨릭교회의 수도자 가운데 가장 엄격한 생활을 하는 은수자隱修者였습니다. 은수자들은 세상과 철저하게 격리되어 고독과 침묵, 기도와 참회고행으로 자신의 삶을 바치는 사람들을 일컫는데요. 은수자 그라치아노는 법학자 이르네리우스와 함께 교회법학을 대표하는 인물로, 볼로냐대학을 상징하는 인물이기도 했습니다. 이르네리우스가 500년 동안 잠자고 있던 유스티니아누스의 법전을 깨워 다시 읽음으로써 법학의 문을 열었다면, 그라치아노는 이르네리우스처럼 완성된 법전을 가지고 있지 않았기 때문에 법전 자체를 처음부터 끝까지 편찬해야 하는 훨씬 불리한 학문적 상황에 놓여 있었습니다. 이는 과거에 쓴 법전을 읽고 해석하는 것과는 완전히 다른 차원의 어려움이었겠죠.

* 한동일, 『유럽법의 기원』, 문예림, 2013, 97~98쪽 참조.

그라치아노는 홀로 이 작업을 수행해나갔고, 끝내 천 년간 내려온 방대한 교회법의 내용을 수집, 편찬하게 됩니다. 한 개인이 사적으로 작업했다고는 도저히 믿을 수 없는 『그라치아노 법령집』은 그렇게 탄생했습니다. 그 덕분에 그라치아노는 볼로냐대학에서 시민법과 더불어 교회법학을 가르치게 되었고요. 그는 자신의 법령집을 유스티니아누스 법전을 설명하기 위한 학문도구로 활용했습니다. 그것은 하나의 문제를 제기한 다음 그 문제에 대한 교회법 자료의 원문을 바탕으로 설명하거나 해결하는 방식이었습니다. 그리고 이 방식이 일반시민법학 교수들에게도 전달되어 일반법학의 교습과 학문방법으로 사용되었습니다.

오늘날 우리가 로마법을 다시 살펴보는 것은 단지 현재 법의 원천을 찾기 위해서만은 아닙니다. 로마법을 통해 인간을 둘러싼 바뀌지 않는 환경과 존재의 태도를 돌아보고, 법을 통해 역사를 인식하고자 함이지요. 법을 공정하고 불편부당하게 집행하려는 로마인들의 노력이 오늘날의 시각으로 보기에는 다소 미흡한 점이 있겠지만, 그런 이상 자체를 서구 문명에 도입했다는 데 주목해야 할 것입니다. 좀더 정의롭고 인간적인 법을 향해 나아간다는 것, 이에 대해서는 발터 벤야민이 화가 파울 클레Paul Klee의 작품 〈새로운 천사〉를 평하며 잘 묘사하고 있습니다.

역사의 천사는 얼굴을 과거 쪽으로 돌리고 있다. 우리는 사건의 연쇄를 바라보지만, 역사의 천사는 파괴와 잔해를 끊임없이 만들어내고는 그것을 다시 발치에 던지는 대재난만을 응시할 뿐이다. 역사의 천사는 과거에 머무르면서 죽은 자를 살려내고 무너진 것을 일으켜세우려 애쓴다. 그러나 폭풍이 불어오는 곳이 바로 천당이다. 폭풍은 천사의 날개 끝까지 닥쳐 있다. 그 바람이 어찌나 거센지 천사는 날갯짓하기도 힘겹다. 폭풍으로 말미암아 천사는 지금까지 외면했던 미래 쪽으로 휩쓸려간다. 그러는 동안 천사 앞의 잔해는 하늘 높이 쌓여만 간다. 이런 폭풍을 우리는 흔히 진보라고 부른다.*

비판이론가인 벤야민은 "문명의 기록은 곧 야만의 기록이다. 야만은 한 세대에서 다음 세대로 전수되는 (문명의) 약식 자체를 오염시키기도 한다"**고 말했습니다. 하지만 바로 그 야만의 기록을 통해 느리지만 끊임없이, 전보다 나은 태도로 인간을 향해 나아가는 것이 우리의 삶이자 역사가 아닐까요?

이탈리아어 'frate'는 라틴어 'frater, fratris'에서 유래한 말로 '형제'를 의미합니다. 이 말이 오늘날 '형제, 수도자'라는 뜻을 동

---

* Walter Benjamin, *The Theses on the Philosophy of History*, in *Illuminations*, 1968.

** Ibid.

시에 내포하게 된 배경에는 동방(오늘날의 이집트와 레바논, 정확히는 레바논의 레 체드레Les Cedres)에서 들어온 수도회 공동체 개념이 베네딕도(분도, 베네딕트) 성인에 의해 서방 지역(오늘날 우리가 지칭하는 유럽)에 형성되기 시작한 때부터였습니다. '베네딕도 수도회'는 오늘날 유럽 교육의 근간을 형성하며 유럽 정신의 토대를 마련했지요. 그런데 시간이 흐르면서 이 수도 공동체의 장長인 아빠스가 유럽사회의 영주처럼 또하나의 지역 권력으로 군림하기 시작합니다.

이런 모순을 지적하며 일어난 아시시Asissi의 한 젊은이가 바로 성 프란치스코입니다. '평화의 성인' '제2의 예수 그리스도'라는 다양한 애칭을 가진 이 성인에 의해 형성된 수도 공동체가 '프란치스코 수도회'이고요. 이 수도회 회원들은 서로를 '형제' 즉 '프라테frate'라고 불렀습니다. 그래서 '프라테'라는 말이 '형제' 라는 뜻 외에도 '수도자, 수사'를 가리키는 말이 된 것이지요.

수도 공동체에는 아침부터 저녁까지 반드시 지켜야 할 세세한 생활의 규칙과 회 내부의 규율이 있었습니다. 그 때문에 "규율이 없는 곳에는 수도자도 없다Dove non è regola, non ci stan frati"라는 속담이 유래하게 된 것이지요. 이 수도자들은 일면식도 없는 사람들끼리 모여서 살다보니, 말로는 피를 나눈 형제자매처럼 서로 진심으로 사랑하고 살아간다 하지만, 어느 순간부터 나와 함께 사는 형제자매, 수사 수녀가 나의 가장 큰 걸림돌이자 고통이 되곤 했습니다. 그래서 형제자매, 수사 수녀가 죽어도 눈물 한 방울 흘리지 않는 것을 비유해서 이탈리아에는 이런 속설이 남게 되었습니다.

"수도자들은 생면부지生面不知의 사람들이 만나 서로 사랑하지 않고 모여 살다가, 죽을 때가 오면 눈물 한 방울 흘리는 사람 없이 죽는다. I frati si uniscono senza conoscersi, stanno uniti senza amarsi e muoiono senza piangersi."

그런데 이 말이 오늘날 우리의 모습과 크게 다르지 않으니 동서고금을 관통하는 인간의 속성에 묘한 느낌이 듭니다. 같은 지향점을 두고 서로 사랑하고자 모인 수도자들의 삶도 이럴진대, 이 전례 없는 고도 경쟁사회에 놓인 우리는 늘 신경이 곤두선 채 너그러움도 자비도 없이 지쳐가는 것이겠지요.

티렌티우스Publius Terentius Afer의 희극에 이런 대사가 나옵니다. 저는 이 말을 저와 동시대를 살아가는 분들이 기억해주었으면 합니다.

"나는 인간이다. 그래서 인간사 중 어느 것도 나와 무관한 것은 없다고 생각한다."

나는 내 어려움만큼 타인의 고통을 적극적으로 의식하며 살고 있을까요?

고통스러운 현실에 처한 사람들의 모습 속에 나의 책임은 정말 조금도 없을까요?

사랑하면서 사는 일이 힘들다면 미워하며 사는 일은 쉬울까요?

Paul Klee, *Angelus Novus*, 1920

Homo sum:
Humani nihil a me alienum puto.

호모 숨: 후마니 니힐 아 메 알리에눔 푸토.

"나는 인간이다.
그래서 인간사 중 어느 것도
나와 무관한 것은
없다고 생각한다."

_티렌티우스

"이 나라에서 이런 잔인함을 몰아내십시오"

중세 초기에 폭력은 오늘날보다 훨씬 더 만연해 있었다고 합니다. 585년 투르Tours의 그레고리우스는 중세 초기의 사회상에 대해 "요즘 수많은 범죄가 자행되고 있다"고 말했습니다. 675년 또다른 작가도 "모든 사람이 저마다 자기 멋대로 정의를 실현하고 있다"고 덧붙이면서, 폭력은 철저하게 사적인 일이 됐으며 출산이 여성성을 대표한다면 살인은 그야말로 남성성의 상징이 됐다고까지 말했습니다.* 사회가 이렇게 된 데는 476년 서로마제국이 멸망한

* 필립 아리에스·조르주 뒤비 책임편집, 『사생활의 역사 1—로마 제국부터 천 년까지』, 673쪽.

뒤 찾아온 경제적 어려움의 영향이 컸던 것 같습니다.

인간에게 내재한 폭력성과 잔혹함은 시간이 흐르면서 완화되기보다는 더 악화되는 방향으로 흘러갔습니다. 1245년에 작성된 제1차 리옹 공의회 문헌 제14조는 '항변De exceptionibus' 편에서 "커져만 가는 인간의 악한 성격이 구제 수단으로 규정된 것을 형벌로 변하게 했다hominum succrescente malitia, quod provisum est ad remedium, transit ad noxas"고 말합니다.* 이런 문헌들을 통해 인간의 품성과 당대에 대한 개탄은 어느 시대에나 있었음을 짐작할 수 있지요.

로마의 형벌체계에서 형벌은 속죄, 징벌, 억제(예방) 수단이었고, 범죄자의 교정, 교화는 일절 고려되지 않았습니다. 따라서 로마법에서는 대부분의 범죄에 사형이 규정되어 있었습니다.

형벌을 집행하기 위해서는 형의 선고가 있어야 했는데 여기에 사용된 단어가 '담나티오damnatio'입니다. '유죄(유책)판결'을 의미하는 '담나티오'는 '유죄판결을 내리다'라는 의미의 '담노damno'라는 동사에서 파생한 명사인데요. '담노'는 민사소송과 형사소송에서 피고인에게 유책 또는 유죄판결을 선고할 때 쓰이는 동사였습니다. 특히 형사소송에서 사실상 '사형에 해당하는 범죄에in crimine capitali' 유죄판결을 내릴 때 많이 사용했는데요. '담나레 아드 베스티아스damnare ad bestias'(맹수형에 처하다), '담나레 아드 메탈라

---

* 한동일, 『법으로 읽는 유럽사』, 217~218쪽 참조.

damnare ad metalla'(광산 노역형에 처하다) 등의 관용어로 형벌의 집행을 선고했습니다.

그러면 지금부터 로마의 죄인들에게 내려진 형벌의 종류에 대해 자세히 이야기해보겠습니다.

십자가형—그리스도에게 가해진 가장 치욕적인 형벌

예나 지금이나 형벌 가운데 가장 참혹한 것은 사형이겠지요. 로마에서는 사형 가운데서도 가장 참혹한 사형이 있었는데, 십자가형Crucifixio, 맹수형damnatio ad bestias, 화형crematio으로, 이는 모두 '극형極刑, summum supplicium'이라고 불렀습니다.

먼저 십자가형은 기원전 1세기 말에 로마인들이 정치적으로 제한선을 그어둔 범죄를 범한 비로마인들에게 공식적인 형벌로 적용했습니다. 구체적으로는 기원전 71년 트라키아 출신의 노예 반란군 두목인 스파르타쿠스가 로마제국에 대항하여 반란을 일으켰을 때부터 시작되었다는 기록이 있습니다.

처음에 십자가형은 사형집행 방식으로 적용됐을 뿐 아니라 형벌의 한 방식으로도 응용되었습니다. 분명한 것은 죄를 범한 '노예'들만이 십자가 형틀에서 형벌을 받았다는 점입니다. 그 당시 로마제국은 6천여 명의 노예를 본보기로 십자가에 못박아 죽였다고 하는데요. 십자가 형벌은 로마제국의 질서에 반하여 폭동을 일으키는 반란군들을 제압하기 위한 로마 최악의 형벌이었습니다.

노예들만 받는 형벌이었기 때문에 십자가형을 '노예의 극형servile supplicium'이라고도 불렀습니다. 이 때문에 예수에게 처해진 십자가형은 가장 치욕적인 형벌에 해당했습니다.*

공화정 후기에는 십자가형이 로마시민, 특히 중범죄로 유죄판결을 받은 하층민에게도 집행되었는데요. 시간이 지나면서 전쟁이나 반란이 일어났을 때, 외국인 포로나 반역자 또는 망명자 들을 처형하는 데도 사용되었습니다. 붙잡힌 대적들과 반역자들은 집단적으로 십자가에 못박아 죽였습니다.

로마에서 반역죄perduellio는 "국가와 황제에 대해 적대적인 생각을 품는hostili animo adversus rem publicam vel principem animatus"(D. 48. 4. 11) 죄로 정의되었는데요. 12표법은 반역죄 역시 사형으로 처벌했습니다. 적군과 결탁하는 행위, 로마를 적대시하도록 적을 선동하는 행위, 로마시민을 적에게 인도하는 행위, 탈영 등이 모두 반역죄에 해당했습니다. 그리스도교가 공인되기 전, 다신교도인 로마인들은 그리스도를 국가의 적으로 간주해서 박해했고, 그리스도교를 믿는 신자들도 대역죄crimen maiestatis로 처벌했지요.

여기서 잠깐, 로마가 예수와 그리스도교를 어떻게 바라보았고 대우했는지에 대해 짚고 넘어가야겠습니다. 로마 역사가 타치투

* 리차드 홀스리 편집, 『바울과 로마제국』, 홍성철 옮김, 기독교문서선교회, 2007, 254쪽 참조.

스Tacitus는 『연대기Annals』 15권 44장 3절에서 예수가 본시오 빌라도 총독에 의해 처형되었다고 기록하고 있습니다. '그리스도인'이라는 명칭과 관련하여 타치투스는 이렇게 언급했습니다.

"이 명칭의 창시자는 그리스도로서 그는 티베리오 황제가 통치할 때에 본시오 빌라도 총독에 의해 처형되었다.Auctor nominis eius Tiberio imperante per procuratorem Pontium Pilatum supplicio adfectus erat."

그리스 풍자가였던 루치아노스Lucianos는 165년경에 저술한 『나그네의 죽음De morte peregrini』에서 예수는 팔레스티나에서 십자가에 매달려 처형되었으며(11항), 별 볼 일 없는 철학자였다고 기록하였지요(13항).*

그리스도인들의 비밀집회는 '단체에 관한 율리우스법Lex Iulia de collegiis'에 따라 불법 회동으로 규정되어 집회 참가자를 처벌했습니다. 3세기 초반까지 그리스도교를 믿는 자들의 불법집회에 대한 언급이 있는데, 아마도 로마 당국에서는 그리스도교 신자들의 모임을 금지하는 특별 입법을 실행했을 겁니다. 신들이나 신과 같은 황제에게 경배하는 종교의식에 참가하길 거부하는 것은 "나는 그리스도인이다Ego christianus sum"라고 명시적으로 공언하는 것으로 간주했고, 이는 반역죄의 소추 요건을 충족하는 행위였습니다.

그리스도교를 믿는 반역죄는 훗날 점차 대역죄에 흡수되어갔

* 한국가톨릭대사전 편찬위원회, 『한국가톨릭대사전 8』, 한국교회사연구소, 2001, 5577쪽.

습니다. "대역죄는 로마 국민과 그 안보를 해치는 범죄이다Maiestatis autem crimen illud est, quod adversus populum Romanum vel adversus securitatem eius committitur"(D. 48. 4. 1. 1)라고 규정되었는데요. 대역죄는 로마 시민이 아닌 자가 로마의 영토 밖에서도 저지를 수 있었습니다. 훗날에는 일반적인 반역행위뿐만 아니라 정무관에 대한 공격까지도 반역죄로 다스려졌는데, 원수정기에는 황제 또는 황실의 안전에 관한 범죄까지로 그 범주가 더 확대되었습니다. 이후 대역죄는 점차 반역죄를 포괄하게 되었는데, 그 이유는 두 범죄 간의 구별이 거의 희미해졌기 때문입니다. 로마의 형벌 가운데 가장 참혹한 사형인 십자가형은 콘스탄티누스에 의해 폐지되었습니다. 그리고 사형선고를 받은 노예나 도망병은 곤봉으로 때려서 죽였습니다.

맹수형—짐승만도 못한 자, 짐승과 싸워 이겨라

죄수에게 '담나티오 아드 베스티아스damnatio ad bestias'라는 형벌이 선고되면 죄수는 크게 좌절했습니다. 맹수형을 선고받은 사람이 살아나가려면, 원형경기장 안의 맹수와 싸워 이겨야 했기 때문입니다. 인간이 아무런 무기도 없이 맨몸으로 맹수와 싸워 이긴다는 것은 현실적으로 가능성이 희박한 이야기였지만, 그럼에도 맹수와 싸워 이기면 정무관은 그의 용맹함을 칭찬하며 석방했습니다. 맹수형은 로마에서 짐승만도 못한 죄를 저지른 이에게 내리는 형벌이었지만, 짐승을 이기면 목숨만은 연명할 수 있도록 나름

대로의 배려를 해준 셈이지요. 하지만 그 실낱같은 생존의 희망을 붙들기 위해 죄수들은 최후의 순간까지 얼마나 맹수와 피비린내 나는 싸움을 벌여야 했을까요?

인간에게 가장 잔인한 것은 희망을 꿈꿀 수 없는 암담한 상황에서 희망처럼 보이는 거짓등불을 멀리서 반짝여주는 것이라고들 하지요. 맹수형을 선고받은 죄수들에게 맹수와 직접 맞닥뜨리는 것보다 더 잔인한 일은, '살 수 있다는 헛된 희망'이었는지도 모르겠습니다.

로마법에서 맹수형은 주로 1세기와 2세기에 그리스도교 순교자들에게 내려졌습니다. 로마시대를 배경으로 한 〈벤허〉나 〈쿼바디스〉 같은 고전영화를 보면 이런 잔혹한 형벌의 집행 장면을 볼 수 있습니다.

화형—방화는 공동체에 대한 공격이다

화형은 일찌감치 12표법에서 방화범에 대한 형벌로 규정된 것이었습니다. 로마인은 도둑질을 개인에 대한 공격으로 여겼다면, 방화는 가족과 혈족 공동체에 대한 공격으로 보았습니다. 로마인들은 화전을 일구다 번진 불, 즉 의도하지 않은 가운데 번진 경미한 실화失火는 폭행죄crimen vis로 처벌했으나, '고의로 사람을 죽인 사람에 관한 코르넬리우스법Lex Cornelia de sicariis'에 따르면 방화범은 사람이 죽은 경우 살인범으로 취급했습니다. 화형 판결을 받은 죄수는 불이 붙기 쉬운 물질로 흠뻑 젖은 옷을 입어야 했습니다. 잔인하게도 옷에 불을 붙이는 즉시 죄수의 몸이 빠르게 불타면서 고통스러워 몸부림치는 모습을 보고자 함이었다고 합니다.

화형은 중세를 거치면서 이단자를 처벌하는 형벌의 한 방식으로 등장합니다. 중세시대 화형이 집행되었던 주요 장소는 로마 한복판에 있는 '캄포 데이 피오리Campo dei fiori'였습니다. 이단 심문으로 수많은 사람이 화형에 처해진 잔혹한 역사의 장소인데요. 아이러니하게도 '꽃들의 들판'이라는 뜻의 지명을 가졌지요. 요새는 이곳에 낮 동안 장이 들어서는데 광장 한복판에 서 있는 동상이 바로 조르다노 브루노Giordano Bruno입니다. 그는 1599년 12월 21일 제22차 최후 이단 심문에서 "잘못한 것이 없기 때문에 내 주장 가운데 철회할 것이 없습니다"라고 말합니다. 그리고 1600년 2월 8일 나보나 광장에서 무릎을 꿇은 채 판결문을 듣고 있던 브루노는 벌떡 일어서서 재판관들을 향해 이렇게 외쳤습니다.

"나는 이런 나의 견해를 두렵게 받아들이지 않지만 여러분은 두려운 마음으로 이를 받아들입니다.Maiori forsan cum timore sententiam in me fertis quam ego accipiam."

그는 다음날 불꽃 속으로 사라졌습니다(로마 이단 심문 기록). 즉, '두려워하는 것은 너희지 내가 아니다'라는 말을 남기고 세상을 떠났습니다.

로마의 사형제도, 그 밖의 이야기

로마에서는 사형을 선고받은 사람이 형 집행 전에 가지고 있던 물건을 '전리품spolium'이라고 불렀습니다. 전리품은 원래 전쟁중에 적으로부터 탈취한 무기와 갑옷을 뜻하는 말이지요. 그런데 이것은 적을 살해한 사람의 재산으로 귀속되었습니다. 마찬가지로 사형을 선고받은 사람이 형 집행 전에 가지고 있던 물건은 사형 집행 후 집행자의 소유가 되었습니다.

또한 근친상간을 범한 사람은 초기에는 타르페이우스 암벽에서 추락시켜 사형을 집행했습니다. 후에는 강제유배, 추방, 재산몰수형에 처했고요. 이때 남성보다 여성에게 엄한 처벌이 내려졌고, 형량을 정할 때는 근친상간을 금하는 법이나 서로의 혈족관계에 대해 인지하고 있었는지가 고려되었습니다. 결과적으로 근친 간의 혼인은 무효가 되었고, 그 자녀는 혼외자가 되었습니다.

형벌노예—영원히 노예로 살 것

로마의 '극형poena capitalis'에는 사형처럼 생명을 박탈하는 것 외에도 자유나 시민권의 상실이 수반되는 형도 있었습니다. 광산 또는 공공 공사 현장에서 종신 강제노역을 하며 '형벌노예servus poenae'가 되는 것이었는데요. 자유인이 극형(사형, 맹수와의 결투, 광산 강제노역)의 유죄판결을 받은 다음에는 일단 형벌노예가 된 것으로 간주했습니다. 형벌노예는 주인이 없는 '무주無主, sine domino' 노예였습니다. 원래 노예였던 자가 극형의 유죄판결을 받는 경우에도, 주인의 소유권은 소멸되며 이는 원상회복이 불가능했습니다. 또한 형벌노예는 차후에도 해방이 금지됐습니다. 때로는 극형을 선고받지 않았음에도 그저 유죄판결을 받은 노예에게 '해방금지' 조치가 부가적 형벌로 선고되기도 했습니다. 이 경우 그 노예는 영원히 해방될 수 없었고 평생을 노예로 살아가야 했답니다.

노역형—족쇄와 노동

로마법에서 사형 다음으로 엄중한 형벌은 광산 노역형이었습니다. 그 이유는 광산에서 가혹한 노동을 하면서 발목에 족쇄까지 차야 했기 때문입니다.

로마의 자유인이 광산 노역형에 처해질 때는 자유의 상실을 동반하여 필연적으로 형벌노예가 되었습니다. 그리고 형벌의 기간에 따라 무기와 유기로 구분했습니다. 반면 하류층은 '공공노역 유죄판결damnatio in opus publicum'을 받아 강제로 공공 건축이나 공공 노역을 해야 했습니다. 공공 노역은 도로의 건설이나 보수, 하수구의 청소, 공중목욕탕, 제빵소, 방직공장 등에서 일하는 것인데, 제빵소와 방직공장에서는 주로 여성들이 일했다고 합니다.

태형—사형수를 공개적으로 다시 때리다

태형은 엄밀히 말해 형벌은 아니지만 징계하여 다스리는 '징치懲治, coercitio' 내지 다른 형벌에 대한 가중처분이었습니다. 태형은 종종 사형집행 전에 시행하기도 했는데요. 신약성서 마태오의 복음서에 전하는 예수의 수난 이야기에는 "그래서 빌라도는 바라빠를 놓아주고 예수는 채찍질하게 한 다음, 십자가형에 처하라고 내어주었다"(마태오의 복음서 27장 26절)라는 대목이 있습니다. 또 마르코의 복음서에도 "그래서 빌라도는 군중을 만족시키려고 바라빠를 놓아주고 예수를 채찍질하게 한 다음 십자가형에 처하라고 내어주었다"(마르코의 복음서 15장 15절)는 내용이 있지요. 예수의 수난에 대한 잔혹하고 처참한 시각화로 개봉 당시 충격을 주었던 영화 〈패션 오브 크라이스트〉를 보면, 사형집행 전에 태형이 어떤 방식으로 이루어졌는지를 짐작할 수 있습니다.

기억말살형—죄인의 작은 흔적마저 싹 지울 것

로마법에서 주목할 만한 형벌로 '기억말살형 유죄판결damnatio memoriae'이라는 것이 있습니다. 오늘날에도 새로운 정권이 들어서면 전 정권의 흔적을 지우는 작업이 시행되곤 하지요. 로마시대에 실행된 기억말살형 유죄판결이란, 사형이 선고되어 처형된 자나 형사 소추가 종결되기 전 사망한 자에게 부과하는 불명예형입니다. 반역죄 같은 반국가 범죄를 저지른 사람들만 이런 사후 불명예형을 선고받았는데요. 낙인찍은 죄인의 기억과 흔적을 지우는 작업의 일종이었습니다. 기억말살형을 선고받은 사람의 이름을 각종 문서와 건축물에서 삭제하고 기념비나 동상을 파괴했지요. 또한 그의 유언과 증여는 효력을 잃었습니다. 기억말살형 유죄판결은 부적절한 행위를 한 황제들의 사후에도 적용되었는데, 그 판결은 원로원에서 했습니다. 물론 기억말살형을 선고받은 옛 황제는 황제의 명예에 따른 장엄한 장례도 치를 수 없었고요.

아, 로마제국도 유전무죄 무전유죄

로마제국에서는 같은 죄를 저질렀다 해도 유죄판결을 받은 자의 사회적 지위, 곧 상류층이냐 하류층이냐에 따라 그 처벌이 달라졌습니다. 일종의 '유전무죄 무전유죄'였던 셈인데, 하류층에게는 더욱 가혹한 형벌이 내려졌지요. "돈이 없는 사람은 몸으로 갚는다Qui non habet in aere, luat in corpore"* 는 말처럼, 상류층, 곧 유력층potentiores은 유배로 그치는 사건도 하류층은 사형으로 처벌되었습니다.

고대 로마의 주요 형벌을 살펴보면 고대 로마인이 비인간적이고 잔인하다는 생각이 들 수도 있습니다. 그 잔인함 가운데 하나

* Regula Iuris.

는 사형을 일종의 거대하고 스펙터클한 구경거리로 만들었다는 점이지요. 하지만 역사를 바라볼 땐 지금 우리 시대의 관점뿐만 아니라 그들이 살던 시대의 분위기를 감안해야 합니다. 우리는 종종 지나간 역사의 어느 시대를 보고 잔인하다거나 미개하다고 쉽게 말하지만, 어쩌면 우리의 다음 세대도 우리 세대에게 그렇게 말할지 모른다는 점을 생각해야 합니다.

키케로는 로스키우스 변호연설에서 이렇게 말했습니다.

"심판인 여러분, 이 나라에서 이런 잔인함을 몰아내십시오. 이 나라에서 이제 이런 잔인함을 용납하지 마십시오. (…) 매 순간 잔인한 행위를 보고 듣는다면, 본성이 아무리 온순할지라도 우리는 끊임없는 고통 가운데서 인간성을 완전히 상실하고 말 것입니다."*

로마법은 범죄에 대한 형벌의 집행이 잔혹할 뿐만 아니라 사람의 신분과 지위에 따라 차등적으로 법을 적용했습니다. 원수정기의 억압적인 제도에 따라 형벌은 사람의 사회적 신분에 따라 달라지는 것이 당연하게 여겨졌고, 로마법의 형법 자체가 불평등의 원칙에 기초했기 때문입니다. 여기에 상층민honestiores과 하층민humiliores 사이의 격차가 일반적인 사회 현상으로 고착된 데 그 결정적인 이유가 있었습니다. 원로원과 기사 계급, 자치시 참사위원

* 마르쿠스 툴리우스 키케로, 『설득의 정치』, 김남우 외 옮김, 민음사, 2015, 9쪽.

등과 같이 사회적 신분이 높은 사람은 1등 시민에 속했고, 그 아래의 사회적 신분은 2등 시민으로 간주했습니다.* 이렇게 신분상 차등을 두고 통상 1등 시민인 상류층은 극형을 받지 않았고 2등 시민인 하층민만 극형으로 처벌받았습니다.

법의 관점에서 볼 때 로마의 형법은 참으로 불평등한 법입니다. 그런데 과연 신분상의 불평등 원칙에 기초하여 차별한 사회와, 명목상 평등 원칙에 기초를 두고도 차별하는 사회 가운데 어느 것이 더 낫다거나 진보적이라고 말할 수 있을까요? 고대 로마인이 오늘날의 대한민국 사회에 와서 여전히 '유전무죄 무전유죄'인 현실을 본다면 어떤 반응을 보일까요? 아마 이렇게 말하지 않을까요?

"우리야 엄연한 불평등 사회였기 때문에 그렇다 쳐도, 당신들은 평등한 사회라고 하면서 어떻게 이런 판결이 나올 수 있소?"

우리 헌법은 "모든 국민은 법 앞에 평등하다. 누구든지 성별·종교 또는 사회적 신분에 의하여 정치적·경제적·사회적·문화적 생활의 모든 영역에 있어서 차별을 받지 아니한다"(헌법 제11조 1항)고 규정합니다.

그런데 진짜 그런가요? 어찌 보면 명목상으로는 평등하다면서도 국가 권력이 사람들을 공공연하게 차별하는 것이 사람들을 더 좌절하게 만들고 있진 않을까요?

---

* Cfr. A. Schiavone, *Storia del Diritto Romano e Linee di Diritto Privato*, G. Giappichelli Editore, 2005, p.283.

하지만 인류의 역사는 이러한 명백한 차별과 구별의 시대로부터 평등을 꿈꿨고, 그 결과 현재 우리는 명목상 평등한 사회까지는 도달해 있습니다. 이제는 이성과 평등을 지향하는 인류의 이상으로, 명목상의 평등을 넘어 실질적인 조화와 균형을 찾아야 할 시대가 아닐까요? 더불어 사는 공동체를 향한 조화와 균형의 시대라는 과제가 우리 시대에 화두로 주어져 있습니다. 우리의 후손은 우리가 이 문제를 어떻게 처리했는가를 역사에서 면면히 평가할 것입니다.

Aequalitas omnium coram lege.

애콸리타스 옴니움 코람 레제.

"법 앞에 만인은 평등하다."

로마법 수업을 마치며

"모든 길은 로마로 통한다"

작년에 한 공공기관에서 강의를 마치고 관계자들과 식사를 하면서 이러저러한 이야기를 나누었는데, 법원까지 오는 여러 다툼 중 '조망권' 분쟁 해결의 어려움을 토로하시는 분이 있었습니다. 저는 문득 로마시대의 조망권 분쟁이 떠올라 "로마시대에도 조망권으로 인한 다툼이 있었습니다"라고 말하니 "아니, 그 옛날에도 정말 조망권 다툼이 있었나요?"라며 매우 놀라워하시더군요.

가장 현대화된 도시에서만 일어날 것 같은 조망권 다툼이 로마사회에서도 있었다는 건, 꽤 흥미로운 일이지요. 조망권에 대한 사료는 전문 법률 서적보다는 로마시대의 사회상을 그린 책들에서 아주 조금 발견할 수 있는데요. 사료는 부족하지만 이를 바탕으로 로마시대의 조망권 분쟁을 추적해보았습니다.

먼저 로마의 조망권을 이해하려면 그 시대의 주택 양식을 살펴야 합니다. 고대 로마인들은 도시 안의 단독주택을 도무스domus, 도시 밖의 전원 단독주택을 빌라villa라고 했습니다. 도시 안의 주택 중에는 앞서 말한 단독주택 '도무스' 외에도 다층 공동주택인 '인술라'가 있었는데요. 고대 로마의 서민들이 살던 다층 공동주택을 일컫는 이름이었습니다. '인술라insula'는 '섬'이라는 뜻을 가지고 있지만 간혹 '외딴집'을 의미할 때도 있었습니다. 도시의 단독주택인 도무스는 헬레니즘, 즉 그리스풍 건축기법에서 나온 것으로 공간에 수평적 의미를 강조한 반면, 인술라는 수직적 의미를 강조했지요. 현대 이탈리아인들이 도시의 한 구역, 즉 '블록'을 부르는 단어가 '이솔라토isolato'인데요. 이것도 바로 '인술라'에서 유래한 것입니다.

로마에서 인술라에 거주하는 주민의 수는 도시 외곽에 있는 마을 주민보다도 많았다고 합니다. 쉽게 생각하면 오늘날의 아파트 한 동이나 한 단지의 주민이 웬만한 작은 시골마을의 주민이나 소도시의 주민보다 많은 것과 같다고 생각하면 되겠습니다.*

인술라는 4세기에 본격적으로 유행하기 시작했다고 추정됩니

* 알베르토 안젤라, 『고대 로마인의 24시간』, 78쪽.

다. 당시 로마에서는 계속 늘어나는 인구 대비 주택 부족 문제가 심각해지고 있었던 것 같습니다. 이미 3세기부터 3층 정도 높이의 인술라는 어디서든 볼 수 있는 흔한 주택양식이었지만, 4세기에 유행한 인술라는 이보다 층수가 더 올라가기 시작합니다. 4세기에 로마에만 무려 4만 6천여 채의 인술라가 있었다고 하고요. 도무스는 1790채 정도였다고 합니다. 단독주택인 도무스에는 부자들만이 살 수 있었습니다.

반면 도시의 인술라는 주로 임대용이었습니다. 로마는 수도권 인구 집중 현상으로 인해 땅값이 비쌌기 때문에 임대료도 매우 높았습니다. 그러다보니 사실 로마 시내에서 도무스에 살 수 있을 정도로 부유한 사람들은 그리 많지 않았어요. 이들을 제외한 대부분의 로마시민들은 인술라에서 임대료를 내면서 살았고, 어떤 경우에는 부자와 가난한 사람들이 같은 인술라에서 서로 벽 하나를 사이에 두고 살기도 했습니다. 물론 같은 인술라 안이라도 부유한 사람들은 넓은 공간에서 살았고, 서민들은 매우 좁은 공간에 살았겠죠.*

오늘날 로마에서 인술라의 흔적을 발견할 수 있는 곳이 있습니다. 캄피돌리오 언덕의 북쪽에 있는 중세시대에 지어진 성당 '산타마리아 인 아라쾰리'로 오르는 계단 왼쪽 아래에 사람들이 잘

* 정태남, 『건축으로 만나는 1000년 로마』, 21세기북스, 2013, 250쪽.

거들떠보지 않는 곳에 있습니다. 19세기 후반 거대한 통일기념관을 지으면서 캄피돌리오 언덕 주변의 중세 및 르네상스 건물들이 많이 헐렸는데요. 산타마리아 인 아라쾰리 성당 아래 있던 조그만 성당을 철거하면서 인술라의 유적이 대거 발굴되었지요.*

그렇다면 그 당시 로마 밖에서 온 외국인이나 이방인의 눈에 인술라는 어떻게 보였을까요? 아마 그들에게는 눈이 휘둥그레질 정도로 놀라운 건축물이었을 겁니다. 흡사 도시를 한 번도 가보지 않은 시골 사람이 고층빌딩이 즐비한 강남대로 한복판에서 서 있는 느낌 정도일까요? 실제로 인술라는 고대 로마의 고층빌딩이라 할 수도 있겠습니다. 건물의 아래층부터 위층까지 한층 한층 쌓아올린 건축물이었으니, 오늘날의 아파트와도 비슷했습니다. 단, 각방을 명확히 분리해 배치한 구조가 아니라, 같은 층 안에서는 언제든 용도 변경이 가능한 형태의 건물이었어요. 인술라는 건물 앞쪽은 수수했지만, 문간 쪽에는 장식용 벽돌이나 발코니를 설치했습니다. 길가 쪽과 안뜰 쪽에는 커다란 창을 두었고요. 1층에는 대부분 가게가 들어서 있어서 오늘날의 주상복합 건물과 같은 기능을 했고, 건물 옆 바깥 벽면에 맞대어 또다른 인술라가 들어서곤 했습니다.

그래서 아우구스투스 황제는 주거용 건물의 높이가 21미터를

* 같은 책, 249쪽.

넘지 않도록 고도제한을 두기 시작합니다. 이것은 현대의 건축 기준으로 보면 대략 7층 건물에 해당하는 높이인데요. 층간 높이가 현대 건물보다 더 높은 로마시대에는 4~5층 정도였을 겁니다. 초기에는 안전 때문에 인술라의 건축 높이를 제한했지만, 도시가 비대해지고 인구가 폭발적으로 늘어나면서 인술라의 높이는 경쟁적으로 더 높아질 수밖에 없었습니다. 여기에 건물 소유주들과 건축업자들은 탐욕과 무분별한 경쟁으로 높은 건물을 계속 지어댔지요. 이윤에 눈먼 건축업자들은 재료비를 아끼기 위해 벽돌의 저항력이나 건축 자재의 질 등에는 신경을 쓰지 않아서, 세입자들은 건물이 붕괴될지도 모른다는 불안감을 떠안고 살아야 했습니다.* 인술라는 고도제한을 지키지 않은 탓에 구조적인 허술함과 붕괴 위험에 상시 노출되어 있었으니까요. 게다가 인술라가 우후죽순 들어서는 바람에 채광이나 조망도 시원치가 않았습니다. 바로 여기서 우리가 주목해야 할 조망권 문제가 제기됩니다.

이 조망권 분쟁과 이어져 있는 것으로 '신축공사 금지통고Operis novi nuntiatio(denuntiatio)' 부분도 살펴봐야 합니다. 신축공사 금지통고란 자기의 재산을 침해하는 이웃의 신축공사에 대해 부동산 소유자가 이의를 제기하는 것을 말합니다. 통고는 소유자가 신축공사 탓에 자기 재산의 권리를 침해당하는 것을 미리 막으려는 데 그

* 제롬 카르코피노, 『고대 로마의 일상생활』, 87~97쪽 참조.

목적이 있었습니다. 신축공사 금지통고는 신축공사가 공공장소나 도로의 사용을 방해할 경우에도 제기할 수 있었습니다.

신축공사 금지나 조망권에 대해서는 로마시대에 그 갈등과 분쟁의 양상이 어떠했는지는 자세한 기록이 남아 있지 않습니다. 실제로 어떤 다툼이 있었고, 어떠한 방식으로 해결했는지 전해지는 실질적인 사례가 없어서 아쉽습니다.

그러나 기본적으로 역사와 법은 무한한 다양성을 가지는 사람들의 일상을 일일이 다 기록할 수는 없는지도 모르겠습니다. 그저 중요하다고 생각되는 것을 개략적으로 기술할 뿐이지요. 그럼에도 우리는 고대 문명인들의 생각과 감정을 어느 정도 이해하고자 끊임없이 노력합니다. 그 이유는 과거를 모르고서는 현재를 인식할 수도, 현재의 문제를 해결하는 단초를 발견할 수도 없다는 생각 때문입니다.

오늘의 우리는 과거에서 왔습니다. 2천 년 이상의 긴 시간이 흘렀다는 것을 믿을 수 없을 정도로, 인술라는 현대 도시의 건축양식과 흡사합니다. 오늘날에도 건물을 신축할 때, 인근 주민과 건물에 미치는 조망권과 일조권 등을 고려하지 않으면 여러 가지 법적 제한을 받게 되는데요. 과거보다 좀더 세밀하고 복잡해졌을 뿐이지 그 뼈대는 이미 로마시대에 있었습니다.

기원후 170년 『명상록』으로 잘 알려진 마르쿠스 아우렐리우스 황제의 일기에는 인간의 삶이 얼마나 지루한 반복에 불과한지 성찰한 내용이 나옵니다. 그의 비관적인 견해에 따르면 인간은 40년만 살아도 영원성의 지루함을 충분히 이해할 수 있다고 했습니다.

"과거를 뒤돌아보고 현재의 모든 변화를 살펴보면, 미래를 예견할 수도 있다. 왜냐하면 미래는 현재와 모든 점에서 똑같을 것이고, 현재의 리듬으로부터 벗어날 수 없기 때문이다. 그러므로 인간의 40년 삶을 관찰하는 것은 1만 년 동안 관찰하는 것이나 진배없다."*

오늘날 우리가 법적으로 누리는 수많은 권리와 제도는, 다만 우리가 인지하지 못했을 뿐 생각보다 훨씬 오래전에 싹을 틔웠습니다. 이른바 '현대문명'이라는 것도 고대문명의 토대 위에서 생겨난 것이니 우리는 과거의 사람들에게 많은 것을 빚진 셈이지요. 그래서 고대 로마를 읽는 것은 오늘날에도 여전히 유의미합니다.

그럼에도 2천 년이 훌쩍 지난 먼 시대의 역사를 더듬는 일은, 미래를 지향하는 우리에겐 왠지 불필요한 일에 시간을 낭비하는 것처럼 보입니다. 사실 코앞의 문제와 당장의 밥을 해결하는 데도 하루하루의 삶이 벅찬 사람들이 많은데, 언제 어디에 쓰일지 모를 고대 로마법을 공부하는 일은 마냥 한가롭고 사치스럽게 보일 수도 있습니다. 하지만 오늘의 문제를 빨리 모면하려고만 하고 당장

---

* 크리스토퍼 켈리, 『로마 제국』, 192쪽에서 재인용.

의 끼니와 고민만 해결하고 산다면, 우리는 매일매일 허덕이는 생활을 면치 못하고 결국 작은 바람에도 뿌리째 흔들리고 말 것입니다.

과거는 현재를 비추는 창입니다. 우리는 역사에서 무엇을 배워야 할까요? 우리의 삶과 연속성을 가지는 과거의 시간은 어디쯤이며, 오늘 내 앞에 닥친 암담한 문제와 위기를 해결하는 데 옛 사람들의 원칙과 철학을 어떻게 활용해야 할까요?

로마법 수업은 곧 인간학 수업입니다. 우리가 인간이라는 것을 기억하고, 더욱 인간답게 살고자 하는 투쟁이자 꿈입니다. 거대하고 휘황한 문명은 우리를 저마다의 인격과 이상을 지닌 인간의 지위에서 끌어내려 무수한 소비자이자 무지한 대중의 일원으로 전락시키려 합니다. 그럼에도 우리는 언제나 단독하고 존엄한 인간일 것입니다.

이제까지의 로마법 수업이 당신이 인간다움을 되찾기 위한 그 먼 길을 가는 데 작은 이정표가 되었길 소망합니다.

Hominium causa ius constitutum est.

호미니움 카우사 유스 콘스티투툼 에스트.

"법은 사람을 위해
존재한다."

로마사와 라틴어 깊이 읽기

Lectio I. 인간: "당신은 자유인입니까 노예입니까"

로마의 라틴인

로마법상 '자유인' 신분은 로마시민과 로마가 자치권을 허용한 외국시민만 가질 수 있었다. 이 자유 신분status libertatis을 기준으로 로마제국의 백성을 로마시민civis Romanus, 라틴인latins과 외국인hostes으로 구별했다. 로마시민과 외국인은 쉽게 납득이 되지만, 라틴인은 어떤 기준에서 자유인이 된 걸까 의문이 들 수도 있겠다.

기원전 493년 로마의 평민지도자 카시우스Spurius Cassius는 라틴동맹과 '카시아누 조약Foedus Cassianum'을 맺는다. 라틴동맹은 고대 로마 인근의 라티움 지방에 속한 마을들과 부족들의 연합체였는데, 이 카시아누 조약을 통해 이른바 회원국이 되어, 동맹국들 사이에서 정치적, 법률적 지위를 얻는다. 기원전 358년경에는 로마의 주도권을 강화하는 몇 가지 조문들이 이 조약에 추가되었고, 라틴인들은 점점 로마와의 동맹에서 어떤 지배를 받는다고 느끼기 시작했다. 결국 이들이 삼니움전쟁*에 대해 로마와 뜻을 달리하면서 전쟁이

* 기원전 4~3세기경 이탈리아에 패권을 확대해가던 로마와 삼니움족 사이에서 전후 3차에 걸쳐 일어난 전쟁이다.

터지는데, 이것이 기원전 340~338년에 치러진 라틴전쟁이다. 이 전쟁으로 라틴인은 궤멸되고 라틴동맹은 해체하여 로마에 복속되었다.*

앞서 카시아누 조약을 살펴보면 여기엔 '라틴인의 권리Ius Latii'로 알려진 시민들의 사적인 권리에 관한 규정이 있다. '라틴인의 권리'는 로마인이 수립한 라틴 식민지의 법적 지위와 그 주민들의 법적 신분과 관련된 권리를 말한다. 라틴인의 법적 지위는 로마시민보다는 낮았지만 다른 외국인보다는 높아서, 라틴인의 권리가 다른 외국인의 눈엔 '특혜'로 보일 수 있었다.

이 규정에 따르면 로마시민들과 라틴인들이 서로의 지역에서 통혼권, 사업권, 통상권, 이주권을 누릴 수 있었다. 로마를 제외한 자치도시들 간의 통혼권과 통상권은 금지됐지만 '식민지 라틴인Latini coloniarii'은 그 권리를 보장받았다. 거기다 로마는 이들에게 투표권과 피선거권을 포함한 로마의 시민권까지 준다.** 결국 로마에 복속되었지만 라틴인은 모든 활동에서 로마민법의 충분한 혜택을 보장받았다.*** 이것이 로마의 자유인 안에 라틴인이 포함되는 이유다.

Lectio II. 특권과 책임 : 여성에게 약을 먹이고 추행한 자는 공동체에서 영구 추방한다

카푸트와 로마판 인구센서스

인간의 신분조건을 의미하는 '카푸트caput'는 원래 '머리, 우두머리, 수도,

* 프리츠 M. 하이켈하임, 『하이켈하임 로마사』, 151~152쪽 참조.

** 법률상으로 로마시민과 라틴인의 시민권상의 차이는 없다. 단 라틴 시민권자들은 자식에게 유산을 물려줄 수 없었고, 로마에서 정치와 관련된 직위를 가질 수 없었다.

*** 로마에 편입된 자치도시의 시민들은 투표권과 로마에서의 재산 취득권이 없었으며 시민의 모든 의무는 감당해야 했다. 라티움, 에트루리아, 캄파니아의 도시와 읍들이 여기에 해당한다. (『하이켈하임 로마사』, 154쪽)

핵심' 등 다양한 의미가 있다. 우리에게 익숙한 '인구센서스'라는 말도 로마시대 호구조사인 '첸수스census'에서 온 말인데, 사람의 머리caput 수를 세는 작업을 뜻한다. 첸수스는 인구 변화와 재산 상황 조사를 통해 세액을 결정하는 데 필요했다. 사람을 '머리'로 표현한 건 일종의 '제유법'인데, 이는 사물의 한 부분으로 전체를, 또는 한 단어로 그와 관련되는 모든 것을 나타내는 수사법이다. 법학에서 '카푸트'는 유효한 법률행위를 할 수 있고 법이 인정하는 권리의 주체가 될 수 있는 민사적 신분, 즉 권리능력을 말한다.

로마시민권 부여 기준의 변화

외국인에 대한 로마시민권은 개인 혹은 한 도시나 국가에 거주하는 사람들을 위해 특별히 승인했다. 로마시민권은 공화정기에는 민회가, 이후에는 황제가 부여했다. 기원후 24년에는 유니우스 라틴인이 로마 소방대에서 6년간 복무한 대가로 완전한 시민권을 얻도록 한 '비셀리우스법Lex Visellia'에 따라 개인에게 시민권을 부여하기도 했다. 정치적 이유에서 점차 외부의 큰 집단에도 로마시민권을 부여하는데, 기원전 90~87년 사이에는 이탈리아에 거주하는 모든 사람들에게 로마시민권을 주었다. 이에 이탈리아 외의 도시와 속주에도 점진적으로 확대하다가 카라칼라 황제(212년)는 항복외인dediticii을 제외한 로마제국의 모든 거주민에게 시민권을 주었다(D. 1. 5. 17).

가장권, '포테스타스'

가장권 즉 '포테스타스potestas'는 사법 영역에서 가족 구성원에 대한 가장의 권한 또는 물건res에 대한 지배권을 말한다. 가장권을 이해하려면 로마의 가족 '파밀리아familia'에 대한 개념을 알아야 한다. 로마인들은 가족을 핏줄, 즉 혈통의 개념이 아니라 혈족, 입양된 사람, 노예, 피해방인 등 동거인들의 공동체라고 보았다. 이 공동체 안에 속한 재산이나 사물까지 포함하기 때문에 '파밀리아'는 법적 의미로 '가산' '가문'이라고 할 수 있다.

최초의 로마법은 이 공동체를 자급자족하는 독립된 집단인 동시에 큰 틀 안에서는 자치집단이자 국가의 간섭에서 완전히 자유로운 경제 단위로 인정했다. 특히 이 가족과 가족들이 속한 씨족공동체는 구성원들에게 사법권과 견책권을 행사했고, 자체 군대까지 보유했다. 우리가 흔히 생각하는 가족보다 훨씬 더 큰 개념이었던 것이다. 그만큼 파밀리아의 장長, 이른바 씨족장의 권한은 대단했는데, 이들이 가족 구성원과 재산에 대해 행사한 절대 권한이 가장권이다.* 가문의 가부장은 법의 원천 그 자체였고 명령은 법적 구속력을 가졌다. 조상들의 관습에 근거한 권위였고, 관습을 판단하고 해석할 수 있는 권한도 가부장에게 있었다. 다만 가장권의 목적이 '가문 전체의 복리 향상'에 있었기 때문에, 로마인들은 가장권을 남용하지는 않았다.

Lectio VII. 노예해방: "우리가 인간이라는 것을 기억합시다"

노예의 경제적 가치

노예는 다른 모든 물건과 마찬가지로 '시민법상 소유권dominium ex iure Quiritium'의 대상이었다. 따라서 노예에게 가한 손해나 살인은 '위법하게 가한 손해damnum iniuria datum'의 범주에 들어가서 재산 훼손으로 처벌됐다. '아퀼리우스법Lex Aquilia' 제1조와 제3조에 따르면, 다른 사람의 노예나 가축을 죽였을 때 그 손해는 가해자의 직접적인 행동의 결과로 나타난 것이어야 하며, 소송을 제기할 수 있는 사람은 손해를 본 재산의 주인이자 로마시민이어야 한다. 아퀼리우스법은 동물이나 노예 살해 또는 훼손이 꼭 불법은 아니고 정당방위나 긴급피난을 위해서라면 적법행위가 될 수 있다고 했다.

* 노예는 물건이므로 주인의 권한dominica potestas이라는 표현에는 노예에 대한 주인의 지배권도 포함한다. 여기에서 '포테스타스'는 가장 넓은 의미로 물리적인 힘facultas 또는 법적 능력, 즉 어떤 것을 할 수 있는 권리ius를 의미한다(D. 1. 12). 그리고 이 개념들이 모두 교회법에 전수되어 사용되고 있다.

노예의 경제적 지위

노예의 경제적 지위는 로마법에서 '가자家子, filius familias'의 지위와 유사했다. '가자'란 가문, 씨족공동체를 의미했던 '파밀리아'의 가장권 아래 있는 아들을 가리키는 말로, 노예의 경제적 지위는 이 아들들의 경제적 지위와 비슷했다. 가장의 권한 아래 있는 아들들은 사유재산을 따로 갖지 못했고, 그가 얻은 재산조차도 모두 가장의 재산이 되었다. '가자'는 가족 구성원 개인의 사유재산은 인정하지 않고 한 가문의 재산 형성에만 몰두했던 고대사회의 특징을 잘 알 수 있는 개념이다. '가자'인 아들들도 개인 재산을 갖지 못했는데 노예는 더 말할 나위 없이 자기 재산을 가질 수 없었고, 그가 취득한 재산도 주인의 재산으로 귀속되었다.

그렇다고 노예가 그 어떤 재산도 일절 가질 수 없었던 것은 아니다. 아들이나 노예도 종종 재산을 가질 수 있었는데, 그건 전적으로 가장 또는 주인의 권한이었다. 사용이나 처분, 상업 및 기타 거래를 통해 수익을 창출하도록 아버지가 아들에게, 또는 주인이 노예에게 일정액의 금전을 주거나 상업이나 공업을 지원함으로써 소규모의 분리된 재산을 소유할 수 있었다. 이를 로마법에서는 '특유재산peculium'이라고 한다. 이 제도의 기원은 로마시민들의 경제적 필요에 따라 가장권 아래 있는 사람들과 노예의 노무와 행위를 그 가족 전체와 가부장의 이익을 위해 활용하기 위해 독립적인 영업활동을 할 수 있도록 허가해준 것이다.

또 아들(노예)이 불법행위를 저질렀다면 가장(주인)도 그에 대한 책임이 있었다. 만일 아들(노예)이 절도furtum, 강도rapina, 인격침해iniuria, 재산상 손해damnum iniuria datum 등의 사적인 불법행위delictum privatum를 저질렀다면, 피해자는 발생한 불법행위에 대하여 소를 제기할 수 있었고, 가장(주인)에겐 '가해자 위부委付 소권actio noxalis'을 이용할 수 있었다. 가장(주인)은 손해배상을 하거나 피해자에게 가해자인 아들(노예)을 넘길 수 있었다. 가장(주인)은 아들(노예)을 피해자에게 위부, 즉 '맡겨내줌'으로써 책임에서 벗어날 수 있었다. 아들(노예)은 소구訴求될 수 없고 재판을 하더라도 원고가 될 수 없었기 때문이다. 하지만 유스티니아누스 황제 시대에 와서는 가장은 더이상 아들의 가해소권에 책임을 지지 않아도 되었다. 유스티니아누스 황제 시대에 오면 아들도 자신의 재산을 가질 수 있었기 때문에 자신의 행동에 대해 본인이 책임을 지게 했다.

끝으로 주인이 노예를 포기했다면, 노예는 물건과 같았기 때문에 '포기한 물건res derelicta'인 노예는 그 노예를 소유하려는 사람이 즉시 권리를 얻고자 선점occupatio할 수 있는 대상이 되었다.

Lectio VIII. 여성: 로마의 그림자에 가려진 에트루리아의 페미니즘

여성의 입양과 적출자

"여성은 그들의 권한으로 '친자filius naturalis'를 가질 수 없기 때문에 입양할 수 없다. 그러나 잃어버린 자녀에 대한 위로로 황제의 은사에 따라 입양할 수 있다.Feminae adoptare non possunt, quia nec naturales liberos in sua potestate habent: sed ex indulgentia principis in solatium liberorum amissorum possunt."* 여기서 말하는 '친자'란 타권 양자filius adoptivus의 반대말로 혼인 중 출생한 자녀를 가리킨다.

또한 법적으로 부부는 아니지만 두 남녀가 부부와 같은 관계를 맺고 같이 사는, 혼인과 유사한 사실적 결합인 '동서同棲관계'에서 출생한 자녀를 의미하기도 한다. 오늘날 통용되는 '사실혼' 사이의 자녀를 말한다. 이 개념의 중요성은 혼외자에 대해 규정했던 유스티니아누스의 입법에서 두드러진다. 후대의 법에 따르면 사실혼관계에서 출생한 사람이라도 부모들이 이후에 혼인을 하면 '적출자'가 되었다.legitimatio per subsequens matrimonium. '적출자'란 법적 부부 사이에서 태어난 자녀를 가리키는 말이다. 또 황제의 특권으로 '황제의 재

* 『법학제요』 '타권자 입양에 관하여De adoptionibus'(I. 10 § de adopt. 1. 11).

결을 통하여per rescriptum principis' 사실혼관계의 혼외자도 적출자가 될 수 있었다.

Lectio X. 결혼과 독신: "결혼은 골칫거리를 낳는다는 사실을 우리 모두가 알고 있습니다"

비잔티움 로마법과 가족법의 역사

동서로마제국이 갈린 뒤 476년에 멸망한 서로마제국과 1453년에 멸망한 '비잔티움(동로마)제국'을 통칭해서, 여성과 노예에 대한 법률적 차별이 컸음에도 로마제국의 법을 오늘날에도 서구 법전통의 근원으로 칭송하는 이유는 무엇일까? 여러 가지 이유가 있겠지만 로마법 정신이 시대와 장소를 초월하여 인류에게 두루 통할 수 있는 보편타당한 그 무엇이 있었기 때문에 가능했을 것이다.

그렇다면 오늘날 우리가 전해 받은 로마법은 어디에서 유래하는 로마법일까? 대부분의 사람들은 '로마법'이라고 하면 로마제국의 수도 로마에서 만들고 기록하고 널리 알려진 법이라고 생각하는 경향이 있다. 하지만 우리가 일반적으로 말하는 로마법은 서로마제국이 아니라 동로마제국의 '비잔티움 로마법'이다. '비잔티움 로마법'이라고 부를 때는 동서로마가 분리된 다음 서로마제국 자체가 이미 존재하지 않았을 때다. 이 시기 서로마 지역을 지배한 사람은 교황이었다.

비잔티움 로마법의 내용 대부분은 동로마의 황제 유스티니아누스가 콘스탄티노폴리스(이스탄불)와 베이루트대학의 유명 법학자를 통해 입법해 편찬한 것이다. 이 유스티니아누스 법전의 내용은 서방, 즉 과거 서로마 지역에 보급되었지만 읽히진 않았다. 여기에는 동서방 사이 내재된 경쟁 심리와 로마가톨릭교회 관계자들이 로마법의 보급을 막은 데 그 원인이 있다.

로마 황제 콘스탄티누스는 4세기 초에 밀라노 칙령을 공포한다. 4세기 말에는 황제 테오도시우스가 그리스도교를 국교로 정하며 그 외의 종교를 배척하기에 이른다. 서로마는 패망하고, 이 지역에서 로마의 전통을 가톨릭교회가 고스란히 이어받는다. 종교권력이 정치권력보다 위에 있던 시기였고, 인간 사이의 논리와 규율을 말하는 법이 종교의 가르침과 서로 맞지 않아 오랜 신앙의 전통이 훼손될 것을 염려했다. 이런 이유 때문에 동방에서 기록한 로마법은 오랜 세월 서방의 도서관에서 고이 잠들어 있었다.

유스티니아누스 법전이 실질적으로 로마에 전달된 것은 554년 비르질리우스 1세Virgilius I 교황 재위 때였지만, 본격적으로 법전을 읽기 시작한 것은 1070년경 라틴어 문법 선생인 이르네리우스Irnerius를 통해서였다. 동로마에서 편찬된 '비잔티움 로마법'을 비로소 제대로 읽기까지 500년이 넘는 시간의 간극이 있었다. 하지만 이르네리우스 선생에겐 500년이라는 세월도, 어느 지역에서 편찬한 것인지도 별로 중요하지 않았다. 그는 '비잔티움 로마법'을 오늘날 우리처럼 그냥 간단히 '로마법'이라고 인식하고 유스티니아누스 법전을 읽었다. 이미 동서로마 사이에 경쟁과 지역감정도 희미해졌을 때였다. 그렇다고 비잔티움 로마법만 읽은 것이 아니다. 그보다 더 중요한 아리스토텔레스의 철학을 다시 읽어야 했던 시기였다.

이 500년 가까운 세월 동안 가톨릭교회의 부패는 만연했다. 정치권력이 종교권력에 예속된 때였고, 종교제국으로서 최고의 권력을 구가했던 교회는 타락한 면모를 곳곳에서 드러냈다. 내적 쇄신의 목소리도 있었지만, 오랜 시간 동안 안팎으로 깊이 쌓인 문제들은 한순간에 쇄신하기 힘들었다. 하지만 1천년기에 들어서면서 견고해서 깨지지 않을 것 같았던 종교권력에 이상징후가 드러나기 시작했다. 로마가톨릭교회의 '성체성사'에 대한 교리가 1천년기에 들어서면서 여러 도전을 받기 시작했기 때문이다.

'성체성사'는 천주교의 7성사 중 하나이며, 성사는 보이지 않는 하느님의 은총을 전해주는 표지로 신앙생활의 핵심이다. 천주교 사제는 미사 예식 중 빵과 포도주를 예수의 몸과 피로 축성하면서 최후의 만찬을 재현하는데, 이 과정 중 예수의 성체와 성혈로 화한 빵과 포도주를 영혼의 양식으로 신자들과 나누는 예식이 성체성사다.

대략 1000년에서 1300년은 그리스도교 교회사 안에서 성체성사와 그에 관한 신학이 중요하게 여겨지던 세기다. 이 시기에 가장 첨예한 논쟁은 이전에는 상상할 수 없었던 것이었는데, 바로 성체성사 안에 그리스도가 현존하는가에 대한 문제 제기였다. 12세기부터 천주교회에서 이단이라고 단죄받은 많은 사람들 가운데 성체성사 안에 그리스도가 현존함을 부정하는 사람들이 등장하기 시작했다.

사실 성체 안에 계신 그리스도의 현존을 부정하는 것은 단순히 신학적 교리에 대한 부정을 넘어서는 것이다. 그건 황제를 비롯한 정치권력이 종교권력의 수장인 교황의 예속에서 벗어나는 이론적 토대가 되기 때문이다. 이제까지는 신의 대리자이자 신과 인간 사이의 중재자라고 생각한 교황을 인간 세상의 왕인 황제가 넘어설 수는 없었지만, 성체성사에 대한 교리가 무너진다면 이것은 권력 서열의 근간을 흔드는 문제가 될 수 있었다. 그래서 가톨릭 신학자들은 그들의 기준에 따라 이러한 이설異說에 맞서 성체성사 안에 계시는 그리스도의 실존을 신학적 차원에서 입증하고자 시도했다.

바로 이때 사용한 방법이 이제 막 유럽사회에 소개된 아리스토텔레스의 형이상학이었다. 아리스토텔레스 철학에서 말하는 '이미'와 '아직'이 그리스도교의 성사 문제를 설명할 수 있었다. '이미' 이 세상에 존재하는 예수를, '아직' 하느님 나라를 가보지 못한 사람들에게 보여주는 표지가 성체성사라고 본 것이다. 사제가 축성한 빵과 포도주에 예수가 실존하고 있다고 믿기 때문이다. 성체성사에 대한 신학적 논쟁은 그동안 닫혀 있던 아리스토텔레스 철학을 서구사회에 열어주는 창구 역할을 하게 되고 후에 스토아 철학에 영향을 미치게 된다.

유럽사회에서 학문 연구에 변증법을 먼저 쓴 것은 스콜라 신학자들이었다. 스콜라 신학이란 스콜라 철학과 비슷한 개념으로 글자 그대로 '학교 신학' '학교 철학'이라는 말로 옮길 수 있다. 이 말은 '어떤 오류나 이설의 여지가 없는 신학과 철학'이라는 의미에서 '스콜라 신학' '스콜라 철학'이라고 불렀다. 성체성사 논쟁 이후 성체성사에 관한 교리뿐 아니라 다른 교리를 설명하는 신학용어는 더 복잡해지고 어려워지기 시작했다.

그렇다면 '비잔티움 로마법'은 어떤 것일까? 기원후 610년 헤라클리우스 황제는 그리스 문화를 널리 보급했으며 라틴어보다 언어적 완성도가 높고 대다수 민중들이 사용하는 그리스어를 제국의 공식어로 지정했다. 이 때문에 동로마제국의 문화는 급속도로 그리스 문화의 영향권 아래 속하게 된다. 이를 바탕으로 훗날 16세기 독일의 역사가인 히에로니무스 볼프Hieronymus Wolf는 비잔티움제국의 사료를 모은 『비잔티움 역사집Corpus Historiae Byzantinae』을 출간했다. 이때부터 '동로마제국'이라는 명칭 대신 '비잔티움제국'이라고 부르게 되었다.

고전기 로마법은 콘스탄티노폴리스를 중심으로 한 그리스 사상에서 영향을 받은 법사상과 법제도로 발전한다. 610년에는 앞서 말한 대로 제국의 공식어를 라틴어에서 그리스어로 바꾸면서, 이 시기의 로마법을 콘스탄티노폴리스의 그리스어 번역어인 '비잔티움 로마법'이라고 부른다. 또한 고전기의 로마법은 새로운 종교인 그리스도교의 출현과 스토아 철학의 윤리적 가치에 따라 큰 변화를 겪는다.* 특히 이런 변화는 비잔티움 로마법과 교회법에 커다란 영향을 끼쳤는데, 그 핵심주제가 바로 '결혼'이다.

서로마제국의 패망 이후에 로마의 전통을 고스란히 담아 그 명맥을 유지한 것은 로마가톨릭교회였다. "교회는 로마법으로 산다Ecclesia vivit lege Romana"**라는 법언을 통해 알 수 있듯, 교회는 로마의 군사, 행정, 법률 모든 분야를 수용하여 교회의 통치와 교리를 발전시키는 데 사용했다. 가령 1983년 교회의 결혼에 대한 정의를 살펴보면 "결혼 서약은 이로써 한 남자와 한 여

* 한동일, 『법으로 읽는 유럽사』, 85쪽 참조.

** 『게르만족 사료집Monumenta Germaniae Historica』 '리부아리아 부족법Lex Ribuaria 제58조 1항'.

자가 서로 그 본연의 성격상 부부의 선익과 자녀의 출산 및 교육을 지향하는 평생 공동운명체를 이루는 것인바, 주 그리스도에 의해 영세자들 사이에서는 성사의 품위로 올려졌다"*고 정의한다. 그런데 이 내용은 로마법의 결혼에 대한 정의에 그리스도교의 교리적 내용을 덧붙인 것에 불과하다.

법학자 모데스티누스Modestinus는 결혼을 "남녀 간의 결합, 전 생애의 운명공동체, 인법과 신법의 소통이다Nuptiae sunt coniunctio maris et feminae et consortium omnis vitae, divini et humani iuris communicatio"** 라고 정의한다. 이 정의는 로마인들의 혼인에서 법적인 측면보다는 윤리적 요소에 대한 면모를 보여준다. 로마의 결혼은 '혼인의사affectio maritalis'와 적법한 결혼의 사회적 위신을 갖춘 남편과 아내의 동거concubinatus에 기초를 둔 남녀 간의 사실적 관계였다. "성교가 아니라 '혼인의사'가 결혼을 만든다Coitus matrimonium non facit, sed maritalis affectio"*** 고 보았다. 혼인의사는 혼인할 때 필요한 기본적 의사요소로, 일시적이지 않고 지속될 것이라고 인성하는 부부간의 애정과 사랑을 말한다. 즉, 부부로서 공동생활을 할 것과 자녀를 낳으려는 의사가 곧 혼인의사로 간주되었다.

로마법의 이런 내용은 로마가톨릭교회에서 혼인 교리에 그대로 수용했고, 종교개혁 이전까지 교회의 결혼관이 유럽사회를 지배했다. 16세기 종교개혁 운동은 종교와 양심의 자유, 의사 표현의 자유뿐만 아니라 사회 전반에 커다란 영향을 미치는데, 그중 대표적인 분야가 바로 결혼을 중심으로 한 가족법 영역이다. 오늘날 결혼관계나 가족관계는 일반적으로 자유롭고 평등한 개인의 상호관계로, 개인주의 원리에 입각해 시민법의 일부로 포함되어 있다. 하지만 종교개혁 이전까지는 결혼관계와 가족관계 또한 교회법의 영향 아래

* 교회법 제1055조 제1항.

** 『학설휘찬』 '혼인예식에 관하여De ritu nuptiali'(MOD. l. 1 § D. de ritu nupt. 23. 2).

*** 『학설휘찬』 '부부간의 증여Donatio inter virum et uxorem'(ULP. l. 32 § 13 D. de don. inter. vir. et uxor. 24, 1).

있었다. 그 당시 누군가가 사회혼(시민혼)을 주장하려 했다면 그 사회에서 영구 제명될 수 있을 정도로 위험한 발상이었다.

근대적 의미의 최초 시민혼이 탄생한 곳은 1580년 네덜란드였다. 오늘날에도 입법을 둘러싸고 갈등이 빚어지고 있는 동성혼 입법이 네덜란드에서 가장 먼저 실현되었다는 점 또한 인권이라는 주제하의 문화적, 역사적, 지역적 맥락을 볼 수 있는 좋은 사례다. 그뒤 1653년 영국의 크롬웰은 생명권, 재산권, 종교의 자유와 같은 대중적 요구를 충족시키기 위해 시민혼 제도를 의무로 도입했다.*

17, 18세기에 들어서면서 사무엘 폰 푸펜도르프Samuel F. von Pufendorf와 같은 법 사상가는 결혼을 계약으로 간주하여 예기치 못한 이혼을 공론화했다. 그는 혼인의사의 합의가 결혼을 만들듯 이혼할 때도 당사자 간의 합의를 중요하게 생각했다. 네덜란드의 법학자 후고 그로티우스Hugo Grotius는 결혼을 '자연적 사회societas naturalis'라고 하여 민법에 근거한 당사자 간의 합의에 따라 남성과 여성이 함께하는 생활공동체로 간주했다.

여기서 더 나아가 18세기 자연법 및 국제법의 기초를 다룬 크리스티안 토마지우스Christian Thomasius는 세속의 법과 종교법, 즉 교회법을 엄격히 분리해야 한다고 주장했다. 국가가 결혼법을 제정할 때 그 근거를 성서에 두지 말고 개개인의 자연법을 고려한 규범에 두어야 한다는 것이다. 논란을 일으킬 요소들이 모두 없어진 것은 아니지만, 전제주의 국가는 그동안 교회가 관장했던 영역을 서서히 국가의 통제 영역으로 늘려가며, 결혼에 관한 민법상의 권한 대부분을 국가로 귀속시켰다.

이런 맥락에서 가톨릭교회가 주장한 혼인성사에 대한 교리를 가장 먼저 부정한 가톨릭 국가는 바로 프랑스였다. 그 이유는 바로 프랑스대혁명 때문이다. 1793년 프랑스 국왕 루이 16세가 단두대에서 숨지기 전인 1792년 9월

---

* Cf. G. Dalla Torre, *La città sul monte*, Roma, 1996, p.39; 한동일, 『법으로 읽는 유럽사』, 206~207쪽 재인용.

20일, 법령에 근거한 시민법적 혼인제도가 도입되어 시청 공무원 앞에서 증인을 세우고 결혼식을 올렸다. 1794년 프로이센 일반란트법전, 1804년 나폴레옹 민법전, 1811년 오스트리아 일반민법전 등의 일명 '자연법 법전들'의 사법私法상 계약이라는 개념은, 교회법에서 규정한 성사sacramentum를 개개인의 자유의사로, 교회의 재판권을 비종교적인 국가의 입법 권한으로 대체했다. 아울러 1875년부터 독일에 보편적으로 도입된 시민혼 제도는 국가가 교회로부터 혼인에 대한 관할권을 온전히 넘겨받는 계기가 된다.*

적법한 혼인

로마법에서 '적법한 혼인iustae nuptiae'엔 어떠한 법률적 효과가 따라올까?

첫째, 적법한 혼인에서 낳은 자녀는 합법적으로 로마시민이 되었다. 가령 어머니가 외국인이더라도 통혼권이 있다면 로마시민이 될 수 있었다.

둘째, 적법한 혼인에서 출생한 자녀는 부모의 가장권 안에 속하게 된다.

셋째, 혼인을 통해 부부 각자의 부모형제와 인척관계를 형성한다.

넷째, 부부간에는 특별법이 적용되었다. 부부간의 증여 금지, 부부간의 비방 금지, 간통죄에 관한 것이었다.

다섯째, '무치우스의 추정praesumptio Muciana'을 적용한다. '무치우스의 추정'이란 그 반대 사실이 증명되지 않는 한, 불쾌한 조사를 피할 수 있도록 아내가 점유하는 모든 재산은 남편이 준 것으로 추정한다는 것이다.

동의와 합의

로마법에서는 어떤 사람의 행위에 다른 사람, 예를 들면 보좌인consensus curatoris이나 아버지나 부모, 정무관의 의견을 묻는 경우는 일방적이기 때문에 '동의'라고 했다. 반면 두 당사자가 계약을 체결하는 경우엔 쌍방의 의견이 일치점을 보아야 하기 때문에 '합의consensus'라고 했다. 그래서 동의나 합

* 알렉산드라 블레이어, 『결혼의 문화사』, 한윤진 옮김, 재승출판, 2017, 33~35쪽 참조.

의는 완전해야 하고('in unum' 동일한 내용에 대하여) 외적 영향인 '강제나 강박vis et metus' '착오error'로부터 자유로워야 했다. 합의는 두 사람 이상의 사이에서 일어나는 모든 법률행위, 즉 계약의 기본 요건이었다.

군인의 결혼

원수정기에 군인은 법적으로 유효한 혼인을 할 수 없었다. 남자의 군 복무가 혼인에 미치는 영향에 관해서는 논란이 있다. 결혼이 자동적으로 완전 무효가 되었는지 아니면 정지만 되었는지 사료만 보아선 다소 불명확하지만, 어쨌든 로마에서는 군인에게 혼인 유지를 허락하지 않았기 때문에 군 복무중에 출생한 자녀는 혼외자가 되었다. 그러나 하드리아누스Hadrianus 황제는 그렇게 태어난 아이도 아버지가 사망했을 땐 무유언의 상속권bonorum possessio을 부여했다. 이러한 조항은 3세기 초 세티모 세베로Settimo Severo 황제의 뜻에 따라 폐지했다.

부권혼과 자유혼

로마의 혼인 형식은 오늘날 우리의 개념과 많이 다른데, 크게 '부권혼 matrimonium cum manu'과 일종의 자유혼自由婚인 '부권 없는 결혼matrimonium sine manu'으로 구분한다. 옛 로마에선 여자가 결혼하면 남편의 '손manus' 아래 놓이는 것으로 보았다. 그래서 '부권혼'이라고 불렀는데, 평민과 귀족을 구분하지 않고 똑같은 법적 효력을 가진 결혼식의 세 가지 형식이 존재했다.

첫째, 신부가 될 사람이 가져온 밀을 신전의 대제관에게 봉헌하고 밀의 신인 '요베 파레스Iove farres'에게 제사를 지낸 다음, 사제와 10명의 증인 앞에서 선서하고 포카치아 형태의 빵을 나누어 먹으면 결혼이 성립됐다. 이 형식은 제사빵을 함께 나누어 먹는 결혼식이라고 하여 '콘파레아티오confarreatio'라고 불렀고, 이를 우리 학계에서는 '공찬식 혼인'이라고 부른다. '콘파레아티오' 형식으로 결혼하여 이혼할 경우 '파레아티오farreatio'에 '데de'라는 접두사를 붙여 '디파레아티오diffarreatio'라고 불렀다.

둘째, 남편에게 아내를 파는 공매식 혼인인 '코엠프티오coemptio'가 있다. 공매식 혼인은 주로 여성이 자기 후견인을 변경하거나 후견 면제나 유언 작성을 목적으로 이용했다. 이는 평민 아버지가 딸을 남편에게 양도하는 명목상의 매매로, 두 남녀가 1년 동안 별 탈 없이 지내면 마지막 단계인 '우수스usus'를 통해 결혼이 성사된다. 우수스를 하지 않는다면 공매식 혼인은 '재악취식remancipatio' 이혼이나 '해방악취식Emancipatio' 이혼으로 그 계약이 해소되었다. '재악취식 이혼'과 '해방악취식 이혼'이란 악취행위를 다시 하거나, 악취행위를 풀어준다는 의미인데, 악취행위란 재산이나 소유권을 법적으로 얻는 행위를 말한다. 결혼은 아내로 맞는 여성의 소유권이 그 아버지에게서 남편이 될 사람에게로 넘어가는 '악취행위'다. 따라서 이혼은 아내에 대한 소유권이 다시 그녀의 친정 가장에게 돌아가거나 남편에게서 해소되는 것이므로 '재악취' 혹은 '해방악취'라고 할 수 있다. 이는 자녀나 아내를 가산의 일부로 보았기 때문에 성립 가능한 법률이었나.

마지막 단계인 '우수스'는 '부부로 살기 위한 의사affectio maritalis'를 가지고 1년 동안 남녀가 쭉 동거하는 경우 남편은 아내에 대한 수권手權, manus을 가졌다. 하지만 여성이 3일간 계속 밤에 의도적으로 가출하면 남편의 수권은 저지당했다. 부인이 이런 야간 가출을 매년 반복하면 혼인은 유효하지만 남편은 '수권 없는 상태sine manu'가 된다. 이렇게 되면 남편의 부권이 발생하지 않기 때문에 아내는 독립된 법적 지위를 유지했다.

이는 기원전 4세기 중반, 즉 리키니우스 섹스티우스법 공포 때부터 아우구스투스 황제에게 원수의 지위가 부여된 기원전 27년까지인 전기 고전기 초기에, 여성의 친가와 유대나 유산 상속 등의 법적 측면을 보호하기 위해 나타난 결혼 형식이었다. 만일 여성이 아버지의 영향 아래 있지 않고 스스로 권한을 가진 '자권자sui iuris'인 경우, 자신의 법적 자율성을 상실하지 않기 위해 앞서 말한 공찬식 혼인이나 공매식 혼인을 피해 '부권 없는 결혼'을 했다.

이 세 가지 형식 가운데 2세기까지 계속된 것은 하나도 없고 모두 폐지되었다. 로마의 결혼은 형식과 내용 면에서 오늘날의 결혼 형태와 거의 비슷한 자유혼, 즉 '부권 없는 결혼'으로 발전했다. 이것이 오늘날 대부분의 현대국가에서 볼 수 있는 결혼식이 되었다. 이렇게 로마법은 특별한 사람과 계층만을 위한 제도가 좀더 일반적, 보편적으로 적용되어가는 과정 속에서 발전했다.

한편 285년 디오클레티아누스 재위부터 565년 동로마의 황제 유스티니아누스의 사망까지를 가리키는 후기 고전기엔, 새로 유입된 종교인 그리스도교의 영향으로 결혼은 점차 '법률행위negozio giuridico'로 묘사되기 시작한다. 이제는 부부로 살기 위한 의사보다 결혼 당시 배우자 간의 합의면 충분하게 됐다. 동시에 유스티니아누스 황제는 결혼에 '성사sacramentum'라는 새로운 개념을 언급한다.

그리스도교 신자인 황제들과 유스티니아누스의 입법은 그리스도교의 '혼인의 불가해소성' 교리에서 큰 영향을 받았다. '혼인의 불가해소성'이란 일단 결혼으로 맺어진 인연은 하느님이 짝지어주신 것으로 사람이 함부로 끊어서는 안 된다는 교리다. 결혼을 거룩한 종교적 행위, 즉 성사로 보아 남편과 아내의 관계를 유일하고 영원히 풀 수 없는 것이라 했다. 이 교리에 반하여 결혼생활을 유지하지 못하고 이혼한 후 재혼하면 교회법에 위배되어 다른 성사생활을 할 수 없게 되었다.

유스티니아누스는 여기에 그치지 않고 '부부로 살기 위한 의사'의 유무는 혼배미사 중 결혼 당사자들에게 하는 사제의 축복으로 충분하다는 교리를 제정한다. 이런 영향으로 서방 교회인 로마가톨릭교회는 혼인 당사자의 의사를 더 중요하게 생각했지만, 동방 교회는 결혼을 주례하는 사제의 축복을 더 중요하게 생각했다.*

로마법에서 결혼의 원칙과 형식은 그리스도교의 영향으로 법률관계를 넘어 종교적 품위로 뻗어가면서 더 공고해지는 결과를 가져왔다. 사실 서양법제사 안에서 교회와 정치의 상호 작용은 법조 분야에서 가장 두드러지는데,

* Cfr. F. del Giudice, op. cit., p.339.

그리스-로마의 정신이 그리스도교 사상에 녹아들고, 그 사상이 거꾸로 서양 법제 발전에 큰 영향을 끼친 대표적인 예가 바로 '결혼'에 대한 법적 정의다.

Lectio XI. 이혼: "남편이 아내를 버려도 좋습니까?"

혼인지참재

혼인지참재란 신부나 그 외의 사람, 주로 신부의 아버지가 결혼이 체결될 것을 고려하여 딸을 위해 신랑에게 지급하는 재산이다. 울피아누스는 혼인지참재산에 대해 다음과 같이 정의했다. "아버지나 부모님에 의한 재산이나 아버지의 행위에 의해 출연한 것은 가부출연(아버지가 마련해준) 혼인지참재산이라 한다.Profectitia dos est, quae a patre vel parente profecta est de bonis vel facto eius."* 남편보다 아내가 먼저 사망할 때, 그녀의 아버지는 지참재산 반환을 청구할 수 있었지만, 남편은 각 자녀마다 그것의 5분의 1을 보유할 권리를 가졌다.

이런 지참재산의 공여는 통상적으로 결혼 체결 전에 이루어졌지만 결혼 뒤에도 가능했다. 고전시대 법에 따르면 지참재산의 법적 소유자는 남편이었다. 그러나 지참재산은 공동의 가계를 유지하기 위해서 공여된 것이고 결혼 종결 시에 아내, 그녀의 상속인, 기타의 사람에게 반환되어야 했기 때문에 남편이 함부로 처분할 수 없었다. 그러므로 '부夫의 재산 중에 있는in bonis mariti'이라는 표현에서도 알 수 있듯이 남편의 소유권은 형식적이었다.

그러나 그는 선량한 가장bonus pater familias으로서 지참재산의 완전한 관리권을 가졌고, 거기서 파생하는 과실도 얻을 수 있었다. 물론 원칙적으로는 아내의 동의 없이는 지참재산인 토지를 양도할 수 없었다. 마찬가지로 지참재산인 노예의 해방도 제한되었다. 남편은 아내의 동의 없이 노예를 해방했을

* 『학설휘찬』, '지참금의 권리De iure dotium'(ULP. l. 5 pr. § D. de iure dotium, 23. 3).

경우 노예의 가액에 대하여 책임을 졌다. 그리고 결혼이 종결되면 이 재산은 아내의 상속인, 기타 사람에게 반환해야 했다. "결혼이 없으면 지참재산은 있을 수 없다.Neque enim dos sine matrimonio esse potest."(D. 23. 3. 3) 따라서 결혼 체결 전에 설정된 지참재산은 "결혼이 성립할 것이라는 묵시적 조건 아래si nuptiae fuerint secutae" 이루어진 것으로 보았다.

로마법에는 '문답계약'이라는 것이 있다. 금전 지급부터 모든 종류의 채무 부담을 위한 약혼, 지참금 설정, 민사재판 과정의 모든 약정, 경개更改* 와 위임, 보증, 타인 재산에 대한 권리 설정 등을 위해 사용된 방식이다. 예를 들면 채권자가 "금金 100을 지불할 것을 약속하는가?Spondesne centum dare?"라는 질문에 채무자가 "약속한다Spondeo"라는 답변responsio으로 체결되는 엄격한 구두口頭계약이다. 이때 답변은 질문과 완벽하게 합치되어야 하고, 계약 당사자가 있어야 하며, 질문과 답변 사이에 어떤 중단도 허용하지 않는다. 처음 약속했던 조건을 벗어나는 추가 내용이나 처음과 다른 차이가 있을 경우 계약은 무효가 된다. 로마법상의 보증은 이 문답계약으로만 가능했다.

혼인할 때 남편이 '아내 재산 반환의 보증cautio rei uxoriae'으로 반환에 관해 정했다면, 지참재산 반환은 '문답계약에 기한 소권actio ex stipulatu'에 의해 실현되었다. 다시 말해 남편이 혼인할 때, 이혼할 경우를 가정해 아내 재산 반환을 보증하는 문답계약을 하고도 실제 이혼할 때 약속을 지키지 않았다면, 아내측은 문답계약을 근거로 하여 소송할 수 있었다. '지참재산 반환에 관한 무방식의 약정pactum nuptiale, pactum dotale, instrumentum dotale'은 후에, 특히 이혼의 경우 인정되었다. 일반적으로 지참재산의 반환에 관한 특수 소권(actio 또는 iudicium rei uxoriae)이 특별한 약정과는 별도로 남편을 상대로 제기되었다. 이 소권이 성의誠意소권인지의 여부는 확실치 않지만, 심판인은 반환과 관련된 쟁점을 '형평과 선에 따라ex aequo et bono' 처리해야 했다. 재산 반환이

* 채무의 요소를 변경하여 새로운 채무를 성립시키는 동시에 이전의 채무를 소멸하는 계약.

배우자 중 한 사람이 사망해서인지 이혼하기 때문인지에 따라, 특히 이혼의 경우 남편이나 아내 어느 쪽에 이혼의 책임이 있는가에 따라 달리 규율되었다. 남편은 '생활자유보生活資留保의 이익beneficium competentiae'과 기타 원인에 따른 지참재산의 일부를 보유할 수 있는 권리를 인정했다.

유스티니아누스는 혼인지참재산에 대하여 남편에게 용익권을 부여하고 '아내의 재산 소권'을 성의소권이라고 선언함으로써 법을 개혁하였다. '생활자유보의 이익'이란 고대법 사료가 아닌 후대 문헌상의 용어로, 일정한 경우 "(변제)할 수 있는 만큼in id quod (quantum) facere potest"만 책임을 지는 채무자의 권리를 의미한다. 여기서 '변제한다facere'는 의미상 "그의 재력이 허락하는 한quatenus facultates eius permittunt"이라는 말을 포함한다. 이렇게 법을 개혁한 취지는 채무자, 즉 남편의 최소 생존수단을 박탈하지 않으려는 데 있었다. 또한 이혼한 여성이 혼인지참금을 다시 가져가는 것은 이혼한 여성의 최소 생존수단을 보장하려는 목적이 있었다.

Lectio XII. 간음과 성매매: "너희 중에 누구든지 죄 없는 사람이 먼저 저 여자를 돌로 쳐라"

내연관계

로마법 사료에서 내연관계에 대한 정확한 정의는 없다. 내연관계는 '혼인의사'와 '결혼의 명예honor matrimonii'가 없다는 점에서 혼인과는 달랐다. '결혼의 명예'란 적법한 혼인을 통해 한 남자의 아내로 살고 있는 여성의 사회적 존엄을 말한다. 로마에서는 내연관계를 법으로 금지하지 않았고 '간통금압에 관한 율리우스법'도 사실혼관계인 사람들에게는 적용되지 않았다.

아울러 법적으로 유효한 혼인의 해소를 금지한 제한들이 '내연관계'에도 유효했지만 어떤 법률적 효과도 도출하지는 못했다. 유스티니아누스는 그들이 증인 앞에서 내연관계로 살겠다는 서면을 작성하지 않았다면, '명예로운 삶honestae vitae'을 산다는 조건 아래서 자유인 여성과의 결합을 유효한 혼인으로 간주한다는 추정을 확립하였다. 이를 통해 유스티니아누스는 내연관계를 적법한 혼인으로 변환시키는 것을 지원했다(D. 25. 7). 이런 법률적 조치는 당시 혼인을 기피하고 독신을 선택하는 사람이 많았던 사회 현상 때문인 것으로 유추할 수 있는데, 왜 젊은 남녀가 혼인을 기피했는지에 대한 명확한 사료는 발견되지 않았다.

Lectio XIV. 낙태: 낳아도, 낳지 않아도 모두 산통을 겪는다

로마 가정의 자녀 수

로마의 가정에선 보통 몇 명의 자녀를 두었을까? 자유인 기혼여성이 3명, 노예 출신에서 해방된 여성이 4명의 '다자녀 특권ius liberorum'을 누렸다는 기록으로 보아 3명에서 4명의 자녀를 가진 것으로 보인다. 다자녀를 둔 아버지는 공적 부담과 법정 후견의 면제excusatio를 주장할 수 있었다. 세 자녀를 갖는 자유인 여성과 네 자녀를 가진 노예 출신 해방 여성은 여자 후견tutela mulierum 아래에 있을 의무를 면제해주었고, 자녀로부터 상속받을 권리를 가졌다. 여성이 가지는 이 특권은 자녀가 사망한 경우에도 적용되었다.

하지만 3명 이상의 아이를 낳은 사람에게 혜택을 주었다는 건, 그만큼 다자녀를 둔 부부가 드물었다는 반증일 가능성도 있다.

Lectio XV. 로마의 범죄: 다른 사람의 인생에 치욕을 주어 상처 입히지 말라

로마 왕정 시대 이후의 살인죄

로마 최초의 성문법인 '12표법' 제8조 12항에는 "만일 밤에 도둑질을 저질렀고, (도둑질을 저지른) 그를 살해했다면, 살인은 정당한 것으로 간주된다Si nox furtum faxit, si im occisit, iure caeusus esto"라고 규정되어 있다. 야간 절도범fur nocturnu에 대항한 정당방위나 딸과 간통한 남자의 현장 체포 중 살해는 정당하게 여겨져 피살자는 '적법하게 살해당한iure caesus' 것으로 취급되었다. 이에 대해 키케로는 12표법이 누마 폼필리우스Numa Pompilius 왕의 정의를 그대로 놔두었다고 언급했다. 12표법은 자유인을 살해한 경우 사형시킨다고 규정했다.

공화정기의 살인은 여전히 '존속살해parricidium' 개념에 머물러 있었지만, 공적 범죄crimen publicum의 개념을 취하게 되었고 민회소송에 따라 처리되었다. 민회소송이란 로마시민이 정무관이 부과한 극형이나 법정한도액, 즉 30두頭의 황소나 2두의 양 또는 3천 아스를 초과하는 벌금multa형에 대해 민회에서 진행한 소송을 말한다. 정무관이 범죄자를 기소하기 위해 공동체를 대표해 발의했고, 그렇게 하면 씨족 간의 피의 보복을 피할 수 있었다. 공화정기 살인에 대한 처벌은 범죄의 경중에 따라 차이가 있었다.

한편 원수정기에 '술라Sulla에 의한 살인에 관한 코르넬리우스법Lex Cornelia de (Sullae) sicariis'을 재도입했으며 독살veneficium의 경우 살인 심문을 위한 '사문소査問所, quaestiones'를 설립했다. '술라에 의한 살인에 관한 코르넬리우스법'은 기수既遂, 미수未遂의 살인을 규율했는데, 사문소가 폐쇄할 때까지 존속했다. 또한 독살자는 극형에 처해졌다. 살인 무장조직(갱단)에 가입하거나 살인을 교사, 방조했을 때도 살인죄로 처벌했다. 원수정기 법에는 수화불통 형벌을 받아 추방되어 법 밖에 있는 사람은 죽여도 처벌되지 않았다.

이어 후기 고전기 법에서는 살인죄의 범주에 많은 신규 사건개요가 들어갔다. 살인에 대한 처벌은 범죄의 경중에 따라 차이가 있었고, 범죄자의 사회적 지위에 따라 처벌에 영향을 주었다. 그 내용은 다음과 같다.

노예가 고의적인 살인을 저질렀을 경우 노예의 주인에게 손해배상책임이 발생하는데, 주인은 범행 노예를 피해자의 유족에게 보내면서 면책될 수 있었다. 반면 자신의 노예를 살해한 주인은 원래 처벌되지 않았으나 하드리아누스 황제는 살인죄로 규율했다. 타인의 노예를 죽이는 자는 주인에게 발생하는 손해에 대하여 민사상 배상책임을 부담했다.

명령불복종과 교회법

로마의 군사용어였던 '페루란티아petulantia'는 가톨릭교회의 교회법에 흡수되면서 장상長上(교회를 다스리는 권한을 지닌 사람)의 명령에 순종하지 않는 장기간의 항명에도 적용되었다. "장기간의 항명이나 심각한 추문인 경우, 필요에 따라 다른 형벌이 추가될 수 있고 성직자 신분에서 제명하는 처분도 예외로 하지 않는다Si diuturna contumacia vel scandali gravitas postulet, aliae poenae addi possunt, non excepta dimissione et statu clericali"라는 교회법 조문으로 자리잡았다(교회법 제1364조 제2항).

폭력과 두려움

'폭력'을 의미하는 라틴어 '비스vis'는 '힘, 효력, 권력, 폭력, 무력, 실력행사, 강박' 등의 다양한 의미를 가지고 있었다. '비스'는 사법과 형법에서 모두 나타나지만 각각 다르게 정의하고 있는 것을 볼 수 있다. 형법에서 '비스'는 중대한 권리 침해로 이해하고 '폭행죄crimen vis'로 평가했다. 채권법에서 '비스'는 어떤 사람이 다른 이에게 행사하는 물리적인 힘이나 정신적인 강요로서, 다른 사람에게 '두려움metus'을 주는 것이었다. '폭력과 두려움vis ac metus'이라는 두 요소는 법률 거래에서 '두려움 또는 협박metus'의 영향에 대한 논의에서 함께 언급되었다.

법무관의 고시는 협박과 관련된 부분만이 아니라 어떤 사람이 강제적으로 점유를 박탈당했을 때 점유에 관해서도 '비스'를 다루었다. 각 규정에서 법무관은 실제 점유 상태를 방해하기 위한 '실력 사용을 금했거나vim fieri veto', 공적 사용을 해칠 수 있는 모든 방해로부터 공공 건축물과 제도를 보호했다. 실제 점유 상태를 방해하거나 공적 사용을 해칠 수 있는 모든 행동들을 '비스'로 간주했으나, 실제로 물리적인 폭력을 행사했는지 여부는 묻지 않았다.

그래서 다음과 같은 법리가 생겼다. "어떤 것을 하는 것이 금지된 경우, 어떤 사람이 행한 것은 곧 폭력을 행사한 것으로 간주한다.Vi factum id videtur esse, qua de re quis cum prohibetur, fecit."(D. 50. 17. 73. 2) '비스'는 점유의 하자vitia possessionis에서 나타나는데, 폭력에 의해 취득한 점유는 악의의 점유possessio vitiosa, 하자 있는 점유possessio iniusta로서 판단했다. 다른 사람이 불법적인 침해를 시도했을 때, 그의 점유를 방어하고 유지하기 위해 실력을 사용한 사람은 '폭력에 의한vi' 점유로 보지 않았다.

형법 영역에서 '사적 폭력vis privata'과 '공적 폭력vis publica'을 구별하는 것은 기본이다. "폭력으로 행해진 것은 무엇이든 그것은 공적 폭력 범죄 또는 사적 폭력 범죄이다.ut quidquid omnino per vim fiat, aut in vis publicae aut in vis privatae crimen incidat."(D. 50. 17. 152 pr.) 강도 때문에 개인이 사용한 폭력인 사적 폭력vis privata은, 절도처럼 개인적인 불법행위로 보았다. 그래서 피해자의 형벌 소권actio poenalis인 '폭력에 의한 재산탈취의 소권actio vi bonorum raptorum'을 통해 소구되었다. 국가가 소추하는 '공적 폭력vis publica'은 '폭력에 관한 플라티우스법Lex Plautia de vi'으로 규율했고, 그 이후 아우구스투스의 포괄 입법인 '공적 폭력에 관한 율리아법Lex Iulia de vi publica'과 '사적 폭력에 관한 율리아법Lex Iulia de vi privata'으로 제정했다. 하지만 사적 폭력과 공적 폭력의 개념은 자주 모순을 드러냈다.

원래 이렇게 공적 폭력과 사적 폭력을 구별한 출발점은 그 범죄가 국가의 이익을 직접 침해한 것인지, 개인의 이익을 침해한 것인지 여부였을지 모른다. "많은 형사상 범죄는 폭력이라는 용어에 따라 포함된다.Quoniam multa facinora sub uno violentiae nomine continentur."* 공적 폭력의 사례로는 폭동이나 선동을 일으키기 위해 무장한 단체의 지원을 받아 공공연히 자행된 폭력행위, 법정에서 재판을 방해하거나 투표나 선거기간 동안 민회나 원로원 회의를 방해하는 것, 재판관에게 압력을 행사하는 것, 성전이나 시내 성벽 문을 공격

* 『칙법전』(C. 9. 12. 6).

하기 위해 무장하거나 무장단체가 공공연하게 출현하는 것, 장례식을 훼방 놓는 일 등이었다. 무장이든 비무장이든 무력을 사용한 폭동seditio은 정무관에 대항하는 상당한 규모의 군중 봉기다. 또는 민회나 원로원 회의를 폭력적으로 방해하는 것을 의미하기도 했다. 폭동의 주동자들auctores은 사형에 처해졌고, 가담자들seditiosi은 '폭력에 관한 율리아누스법'에 따라 대역죄crimen maiestatis로 소추되었다.

군대에서 폭동은 특별히 엄중하게 다뤘지만, 군인의 불평 및 소란, 시위는 경미하게 처벌했다. 관리들이 자행한 여러 종류의 남용과 공적 의무의 중대한 위반 역시 공적 폭력으로 처벌했다. 때로 사적 폭력의 특정 사건, 즉 흉악한 범죄, 무기를 사용한 범죄는 피해자의 사적인 형벌 소권에 부가하여 공적 폭력으로 추가 소추가 가능했다. 공적 폭력에 대한 소송의 확대와 함께 더욱 가혹한 형벌은 후기 칙법에서 부과했다. 이 때문에 재산몰수에 더한 추방형은 일반적인 형벌이 되었고 콘스탄티누스의 시대부터 사형은 매우 빈번한 형벌이 되었다. 그리고 '비스vis'와 '메투스metus', 곧 '힘과 두려움'은 로마가톨릭교회의 혼인 무효장애에 관한 교회법에 수용되었다.

불법행위, '델릭툼'

고대 로마의 가장 오래된 법인 12표법 가운데 '불법행위delictum'에 관한 규정을 담은 '타볼라 8Tavola VIII'은 다른 규정들에 비해 압도적으로 많은 24개 항목이 있었다. 이는 역시 당시 사회에 절도, 강도, 살인 등의 범죄가 만연했다는 것을 짐작할 수 있게 한다. 하지만 로마의 형사법 문헌은 그 내용과 분량 모두가 매우 빈약하다. 로마의 형법과 형사 절차를 모두 담은 문헌은 하드리아누스 황제 이후에나 등장하고, 이전의 로마법학은 형법criminal law 및 형사절차법criminal procedure 자체에 큰 관심을 갖진 않았던 것 같다.*

'크리멘crimen', 즉 '범죄'는 공동체의 이익에 해로운 모든 불법행위를 가리

* Fritz Schulz, *Principles of Roman Law*, p.30.

키지만, 원래 로마법은 공적 불법행위와 사적 불법행위 사이에 구분을 두지 않았다. '불법행위'를 의미하는 '델릭툼delictum'은 고전시대 법률용어에서 피해자에 의해 추급되고 피해자에게 손해배상을 하여 제재되는 것을 말한다. 고전후시대에는 두 용어를 혼용했는데, 형사 소추가 과거의 불법행위까지 흡수했기 때문이다. 로마는 포괄적인 형법전을 제정하지 않고 개별 범죄들은 일련의 법률들, 원로원 의결, 칙법으로 규율했다. 법학자들은 오래된 법률들이 규정하지 못한 범죄에 적용할 수 있도록 조문을 확대 해석했다.*

불법행위는 피해자가 개인적인 소권을 통해 민사소송을 걸고, 원고에게 지급할 금전배상에 따라 처벌했다. 피해자가 벌금을 소구하기 위한 소권은 '벌금 소권actiones poenales'이고 그 소송 절차는 민사소송이었다. 고전기 법에서 민사에 해당되는 전형적인 사적인 범죄는 절도, 강도, 인격침해, 그리고 재산상 손해였다.

절도죄와 연관된 두 가지 소권

로마에서 절도는 오직 피해를 입은 사람이 소추하는 '사적 범죄'였다. 두 개의 소권이 절도에 성립했는데, (과실을 포함하는) 절도된 재산의 회복을 위한 '(절도 원인) 부당이득 반환소권condictio furtiva'과 절도의 종류에 따라 액수가 달라지는 사적 처벌을 위한 '절도소권actio furti'이다. 부당이득 반환소권은 절도범의 상속인에게도 적용 가능했다. 하지만 절도소권은 절도범의 상속인에게는 적용할 수 없었다. 그러니까 일정한 법적 상황에서는 소유자가 아닌 다른 사람, 즉 선의 점유자, 용익권자用益權者, 도난당한 채무자의 질물로부터 채권자가 절도범을 소구할 수 있는 권한이 있었다. 절도소권은 인적 추급의 성격을 가진 벌금 소권이었기에 절도 원인 부당이득 반환소권 등의 물건 추급 소권과 경합할 수 있었다.

* 『학설휘찬』(D. 47. 11); 『칙법전』(C. 3. 15).

Lectio XVII. 로마의 형벌: "이 나라에서 이런 잔인함을 몰아내십시오"

로마 시내 방화와 방화로 인한 손해

로마시 안에서는 원한이나 강도의 목적으로 고의로 타인의 재산에 불을 지른 자도 화형으로 죽였다. 반면 도시 밖의 농가에 불을 지르는 경우는 처벌이 그보다는 미약했다.

또한 방화 때문에 입은 재산상 손해는 아퀼리아법 소권에 따라 배상 청구될 수 있었다. 법무관 고시에 따르면 화재 현장에서 물건을 강탈 또는 사취하거나 화재중에 장물을 수취하는 자는 4배액의 형사 소권을 규정했다. 1년 후에는 2배액만을 소구할 수 있었다.(D. 47. 9)

재산몰수형

재산몰수형은 '재산의 몰수adeptio bonorum, publicatio, confiscatio'와 '벌금multa'과 같은 '재산형poena pecuniaria/nummaria'을 포함하는 개념이다. 벌금 액수는 본래 형법에서 규정했지만, 종종 입은 손해에 비례해 부과했다. 가장 가혹한 금전형은 불법행위자의 재산 전부나 그 일부를 몰수하는 것이었다.

고대에는 벌금을 가축으로도 지급할 수 있었다. 또한 벌금부과권은 정무관들의 특권이었으며, 그것을 제재coercitio의 방법으로 사용했다. 벌금의 최고액을 제한한 법률도 있다. 벌금은 정무관의 명령을 위반했을 때 따르는 일반적 형벌이다. 즉 고위 정무관들이 징계 수단으로 하급 정무관들에게 부과했고, 원로원의 의장을 맡고 있는 정무관이 부당하게 결석하는 원로원 의원에게 부과하기도 했으며, 호구조사 과정에서 불성실하게 신고한 자에게 호구총감이 부과하기도 했다.

벌금형이 포함되는 사건의 최종 판결권은 상소법원의 역할을 한 트리부스 민회에 속했다. 벌금은 피고인 재산의 절반을 초과할 수 없었다. 제정기(공화정 후기)에는 벌금형을 특별심리 소송절차에서나 일반적인 제재 수단으로서 광범위하게 사용했다. '벌금부과권ius multae dicendae, dictionis'은 로마에 있는 모든 장관들praefecti과 속주 지사, 고위 관리에게 있었다. 단, 벌금은 국가에 납부했고 벌금형의 판결은 파렴치자로 낙인찍는 효과는 없었다.

'법 앞에 만인은 평등하다'는 말은 언제 시작되었나

우리가 발견할 수 있는 문헌 가운데 '법 앞에 만인은 평등하다Aequalitas omnium coram lege'를 기술한 법령서는 1231년 『시칠리아 왕국 법령서Liber Constitutionum Regni Siciliae』이다. 훗날에는 『아우구스투스 황제의 책Liber Augustalis』이라고 불린 책이다. 이 법령서는 총 세 권으로 구성되어 제1권은 왕법王法, 제2권은 소송법, 제3권은 민법·형법·봉건법을 담고 있었다. 이 법령서는 정의와 '법 앞에 만인은 평등하다'는 이념을 묘사했다.

그리스 3대 비극작가 중 한 명인 에우리피데스의 작품 『구원을 청하는 여인들Hiketides』에도 '법 앞에 만인이 평등하다'라는 표현이 등장한다. 에우리피데스는 "무엇보다도 보편법이 부재할 때, 도시를 위한 전제군주의 적은 더 이상 아무도 없다. 그 스스로가 법을 만들면서 오직 한 사람만이 권력을 갖는다. 그리고 평등은 전혀 없다. 그러나 성문법이 있을 때는 가난한 사람이나 부유한 사람이나 평등한 법을 갖는다"*고 묘사했다.**

---

* *Hiketides*, 429~434. "Nulla v'è per una città più nemico d'un tiranno, quando non vi sono anzitutto leggi generali, e un uomo solo ha il potere, facendo la legge egli stesso a se stesso; e non v'è affatto eguaglianza. Quando invece ci sono leggi scritte, il povero e il ricco hanno eguali diritti" Eguaglianza, in *Enciclopedia del Novecento*, 1977, http://www.treccani.it/enciclopedia/eguaglianza_ (Enciclopedia_Novecento).

** 한동일, 『법으로 읽는 유럽사』, 355~356쪽.

로마법 수업을 마치며: "모든 길은 로마로 통한다"

인술라의 비밀

로마에서 유학할 때 내가 머문 기숙사는 1500년대에 지은 건물이었다. 지하의 골조가 되는 기둥의 둘레는 족히 1.5미터가 넘었고 한층 한층 올라갈수록 좁아지는 형태였다. 그래서 오래된 건물 안에 있으면 휴대폰조차 잘 터지지 않았다. 인술라도 이러한 방식으로 로마식 벽돌과 콘크리트를 사용하여 한층 한층 건축물을 쌓아올렸을 것이다. 로마인들은 콘크리트를 사용해 내부 보강재를 따로 쓰지 않고도 고층 건물을 지었는데, 콘크리트는 값도 비싸지 않고 튼튼하고 내구성이 뛰어나서 거의 모든 건축물에 사용할 수 있는데다 방수와 방화 효과도 뛰어났다. 로마의 콘크리트는 석회와 화산회, 잡석을 혼합한 것인데, 화산회는 나폴리만에서 채취한 붉은 화산 모래(규토 가루)와 깨진 벽돌이나 타일 조각 등 잡석을 섞어 부착력을 높였다.

인술라는 일반적으로 6, 7층으로 지어 1층은 상점이나 작업장으로 이용했다. 바닥에서 천장까지 한 층의 높이는 층마다 다른데, 1층은 7~8미터 이상이고 2층은 그보다 낮으며 층이 올라갈수록 층간 높이가 낮아졌다. 꼭대기층까지 올라가려면 계단을 이용했는데, 계단의 높이는 지금 계단 높이의 반 정도가 되어 오르내리기가 좀더 수월했을 것이다. 수도시설은 각 층에 제대로 갖춰져 있지 않았고 화장실은 한 층에 하나가 있었다고 하는데, 없는 곳도 있었던 것 같다. 개인용 수도시설은 주로 1층에만 있었는데, 수도시설을 잘 갖춘 저택은 돈 많은 부자들이 선호했다. 위층에 사는 사람들은 가장 가까운 우물에 가서 물을 길어와야만 했는데, 높은 데 사는 사람일수록 물 긷는 고통이 더 컸다.

역권과 조망권

로마시대의 조망권에 대해 이해하기 위해서는 '역권役權, servitus' 개념을 이해해야 한다. '역권'이란 일정한 목적을 위하여 타인의 물건을 이용하는 권리를 말한다. 그중에서도 타인의 토지를 이용하는 지역권地役權, servitutes praediorum은 토지나 건물 같은 부동산에 붙는 권리로, 현재의 사용자에게 부여되는 것이지 부동산의 실제 소유자와는 관계가 없었다.

조망권은 이러한 지역권 가운데 건물역권에 속했다. 건물역권servitus urbanorum에는 배수권ius stillicidiorum과 벽 이용권ius parietum, 그리고 조망권이 포함되어 있었다.

우선 배수권은 건물역권자가 자신의 택지에 떨어진 빗물을 수도관을 통해 직접 배출할 수 있는 권리, 다른 토지에 편익을 제공하는 토지인 '승역지'에 있는 수도관을 통해 물을 끌어올 권리, 하수를 승역지에 배출할 수 있는 권리를 말한다.

둘째로 벽 이용권은 편익을 받는 '요역지' 건물의 소유자가 승역지 건물 벽에 대들보를 밀어넣거나 승역지의 건물 벽이나 기둥을 요역지 건물을 지탱하는 지주로 이용할 권리, 요역지 건물의 일부인 발코니나 테라스를 승역지 상에 돌출시킬 수 있는 권리, 승역지의 후미진 곳으로 건물의 일부를 돌출시킬 수 있는 권리를 뜻했다.

끝으로 조망권은 승역지에 채광이나 조망을 해치는 일정 높이 이상의 건축이나 식수, 공작물의 설치를 금지할 수 있는 권리, 채광을 위해 타인의 건물 벽이나 공유 건물 벽에 창문을 설치할 수 있는 권리였다.*

이 조망권에는 다시 세 가지 역권이 포함되어 있었다. 첫째, 건축 고도 제한 역권servitus altius non tollendi(sc. aedes)이다. 이 역권은 건물의 소유자가 일정 높이 이상은 건축하지 못하게 하는 도시 역권이었다.

둘째, 일조 방해 금지역권servitus ne luminibus officiatur도 있었다. 이 역권은 이웃의 빛을 차단할 수 있는 건물은 짓지 못하게 하는 도시 역권이었다.

셋째, 조망 방해 금지역권servitus ne prospectui officiatur이다. 이 역권은 심미적인 조망을 방해하는 건축물을 짓거나 수목을 심을 수 없도록 한 도시 역권이

* 현승종, 『로마법』, 609~610쪽 참조.

었다.

신축공사 금지통고의 절차

신축공사 금지통고는 로마시민이라면 누구에게나 권리가 있었다. 그 외에 위험에 노출된 재산의 소유자, 지역권자 또는 토지에 소유권과 비슷한 권리를 가진 영차인emphyteuta이나 지상권자superficiarius만이 이의를 제기할 수 있었다. 이의를 통고받은 사람is cui nuntiatum est은 건축을 중지하거나, 손해 미발생 또는 원상회복을 위해 통고자에게 담보를 제공할 의무가 있었다. 담보를 제공하지 않으면, 통고자는 법무관이 건축물의 철거를 지시하는 명령인 '신축공사 금지통고에 기한 특시명령interdictum ex operis novi nuntiatione'이나 '철거 특시명령interdictum demolitorium'을 내려달라고 신청할 수 있었다. 이 명령마저 따르지 않으면 일반적 소송절차를 진행했다. 하지만 신축공사를 시행하는 사람도 통고 탓에 생기는 공사금지를 피하는 방법이 있었다. 통고하는 사람이 계획된 건축을 반대할 권리가 없다는 것을 입증하면, 법무관에게 '신축공사 금지통고 취소remissio operis novi nuntiationis'를 신청할 수 있었다.

Haec sit propositi nostri summa: quod sentimus, loquamur: quod loquimur, sentiamus: concordet sermo cum vita.

핵 시트 프로포시티 노스트리 숨마: 쿼드 센티무스,
로콰무르: 쿼드 로퀴무르, 센티아무스: 콘코르데트 세르모 쿰 비타.

"이것이 우리의 최고 생활철학이다.
생각하는 것을 말하고, 말한 것을 생각한다.
즉, 말에 삶을 일치시킨다."

_세네카

Omnes viae Romam ducunt.

옴네스 비애 로맘 두쿤트.

"모든 길은 로마로 통한다."

로마법 수업

흔들리지 않는 삶을 위한 천 년의 학교

1판 1쇄 2019년 9월 25일
1판 2쇄 2019년 10월 14일

지은이 한동일
펴낸이 염현숙

책임편집 이연실 | 편집 정현경 김소영
디자인 김현우 최미영
마케팅 정민호 박보람 나해진 최원석 우상욱
홍보 김희숙 김상민 오혜림 지문희 우상희
제작 강신은 김동욱 임현식 | 제작처 한영문화사

펴낸곳 (주)문학동네
출판등록 1993년 10월 22일 제406-2003-000045호
주소 10881 경기도 파주시 회동길 210
전자우편 editor@munhak.com | 대표전화 031) 955-8888 | 팩스 031) 955-8855
문의전화 031) 955-8895(마케팅) 031) 955-2651(편집)
문학동네카페 http://cafe.naver.com/mhdn | 트위터 @munhakdongne
북클럽문학동네 http://bookclubmunhak.com

ISBN 978-89-546-5787-7 03100

* 이 도서의 국립중앙도서관 출판예정도서목록(CIP)은 서지정보유통지원시스템 홈페이지(http://seoji.nl.go.kr)와 국가자료공동목록시스템(http://www.nl.go.kr/kolisnet)에서 이용하실 수 있습니다.(CIP 제어번호: CIP2019035349)

www.munhak.com